30장면으로 끝내는

스크린 영어회화

Disney·PIXAR

소울

해설 라이언 강

길벗 이지:톡

이 책의 학습법

이 책은 스크립트북과 워크북, 전 2권으로 구성되어 있습니다. 이 책은 워크북으로 전체 대본에서 뽑은 30장면을 집중 훈련할 수 있습니다.

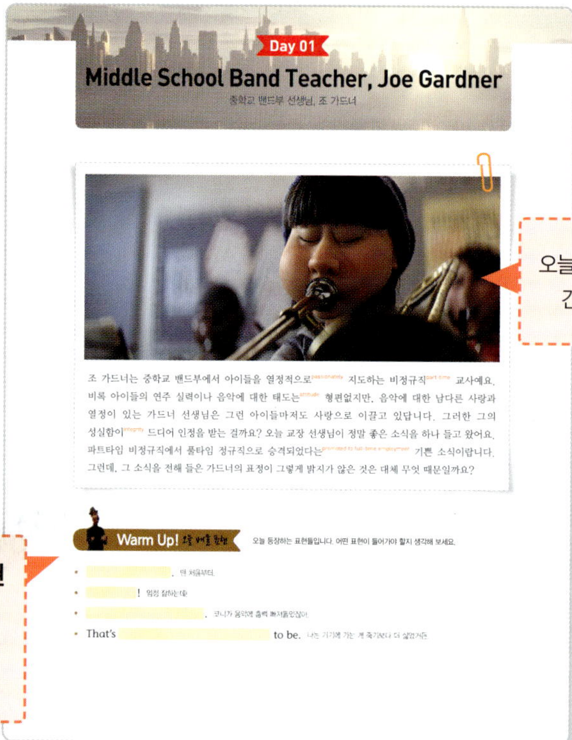
Day 01

Middle School Band Teacher, Joe Gardner

중학교 밴드부 선생님, 조 가드너

조 가드너는 중학교 밴드부에서 아이들을 열정적으로 지도하는 비정규직 교사예요. 비록 아이들의 연주 실력이나 음악에 대한 태도는 형편없지만, 음악에 대한 남다른 사랑과 열정이 있는 가드너 선생님은 그런 아이들마저도 사랑으로 이끌고 있답니다. 그러한 그의 성실함이 드디어 인정을 받는 걸까요? 오늘 교장 선생님이 정말 좋은 소식을 하나 들고 왔어요. 파트타임 비정규직에서 풀타임 정규직으로 승격되었다는 기쁜 소식이랍니다. 그런데, 그 소식을 전해 들은 가드너의 표정이 그렇게 밝지가 않은 것은 대체 무엇 때문일까요?

Warm Up! 오늘 배울 표현

오늘 등장하는 표현들입니다. 어떤 표현이 들어가야 할지 생각해 보세요.

- That's ______ to be.

오늘 공부할 장면에 대한 간단한 설명입니다.

Warm up! 오늘 배울 표현

오늘 배울 핵심표현을 살짝. 이 표현을 내가 영어로 말할 수 있는지 테스트해보세요.

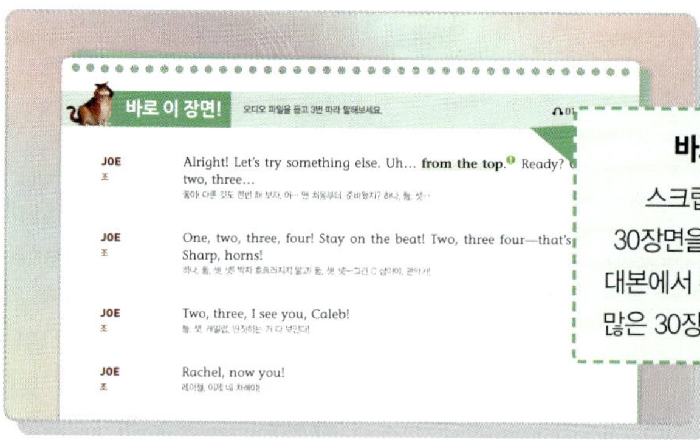
바로 이 장면!

오디오 파일을 듣고 3번 따라 말해보세요.

JOE 조 — Alright! Let's try something else. Uh... **from the top.**[1] Ready? ... two, three...

JOE 조 — One, two, three, four! Stay on the beat! Two, three four—that's ... Sharp, horns!

JOE 조 — Two, three, I see you, Caleb!

JOE 조 — Rachel, now you!

바로 이 장면!

스크립트북에서 뽑은 30장면을 제시합니다. 전체 대본에서 유용한 표현이 가장 많은 30장면을 엄선했습니다.

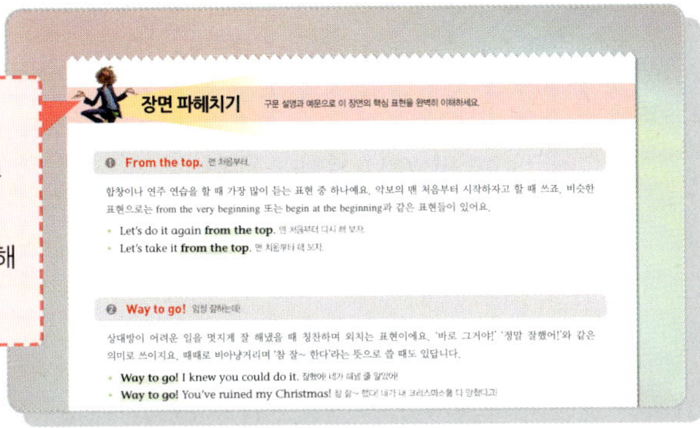
장면 파헤치기 구문 설명과 예문으로 이 장면의 핵심 표현을 완벽히 이해하세요.

❶ From the top. 맨 처음부터

합창이나 연주 연습을 할 때 가장 많이 듣는 표현 중 하나예요. 악보의 맨 처음부터 시작하자고 할 때 쓰죠. 비슷한 표현으로는 from the very beginning 또는 begin at the beginning과 같은 표현들이 있어요.

- Let's do it again **from the top**. 맨 처음부터 다시 해 보자.
- Let's take it **from the top**. 맨 처음부터 해 보자.

❷ Way to go! 잘했어!

상대방이 어려운 일을 멋지게 잘 해냈을 때 칭찬하며 외치는 표현이에요. '바로 그거야!' '정말 잘했어!'와 같은 의미로 쓰이지요. 때때로 비아냥거리며 '참 잘~ 한다'라는 뜻으로 쓸 때도 있답니다.

- **Way to go!** I knew you could do it.
- **Way to go!** You've ruined my Christmas!

장면 파헤치기

'바로 이 장면!'에서 뽑은 핵심 표현들을 친절한 설명과 유용한 예문을 통해 깊이 있게 알아봅니다.

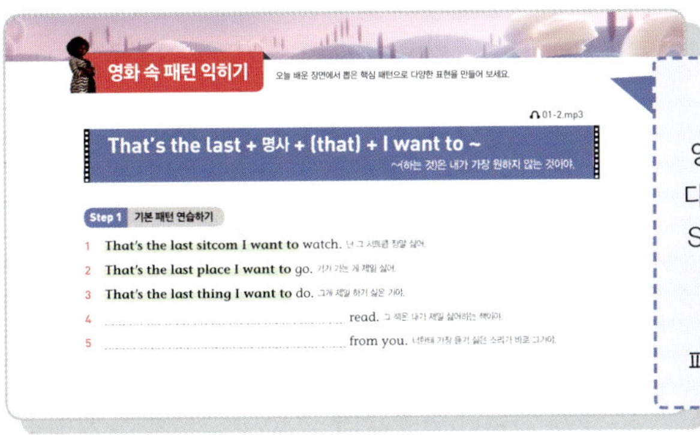
영화 속 패턴 익히기 오늘 배운 장면에서 뽑은 핵심 패턴으로 다양한 표현을 만들어 보세요.

01-2.mp3

That's the last + 명사 + (that) + I want to ~
~(하는 것)은 내가 가장 원하지 않는 것이야.

Step 1 기본 패턴 연습하기

1 That's the last sitcom I want to watch.
2 That's the last place I want to go.
3 That's the last thing I want to do.
4 .... read.
5 .... from you.

영화 속 패턴 익히기

영화에 나오는 패턴을 활용하여 다양한 표현을 만들 수 있습니다. Step1에서 기본 패턴을 익히고, Step2에서 패턴을 응용하고, Step3에서 실생활 대화에서 패턴을 적용하는 훈련을 합니다.

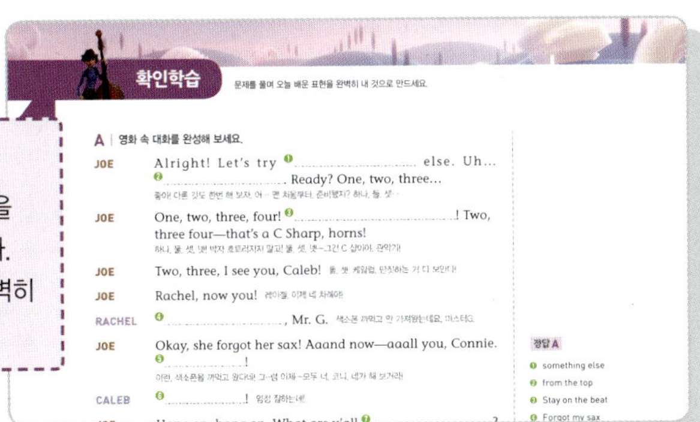
확인학습 문제를 풀며 오늘 배운 표현을 완벽히 내 것으로 만드세요.

A | 영화 속 대화를 완성해 보세요.

JOE Alright! Let's try ❶ .... else. Uh... ❷ .... Ready? One, two, three...
JOE One, two, three, four! ❸ ....! Two, three four—that's a C Sharp, horns!
JOE Two, three, I see you, Caleb!
JOE Rachel, now you!
RACHEL ❹ ...., Mr. G.
JOE Okay, she forgot her sax! Aaand now—aaall you, Connie. ❺ ....!
CALEB ❻ ....!

정답 A
❶ something else
❷ from the top
❸ Stay on the beat
❹ Forgot my sax

확인학습

오늘 배운 표현과 패턴을 확인해 보는 코너입니다. 문제를 풀며 표현들을 완벽히 내 것으로 만드세요.

차례

Contents

Disney · PIXAR

SOUL

Day 01

Middle School Band Teacher, Joe Gardner

중학교 밴드부 선생님, 조 가드너

조 가드너는 중학교 밴드부에서 아이들을 열정적으로[passionately] 지도하는 비정규직[part-time] 교사예요. 비록 아이들의 연주 실력이나 음악에 대한 태도는[attitude] 형편없지만, 음악에 대한 남다른 사랑과 열정이 있는 가드너 선생님은 그런 아이들마저도 사랑으로 이끌고 있답니다. 그러한 그의 성실함이[integrity] 드디어 인정을 받는 걸까요? 오늘 교장 선생님이 정말 좋은 소식을 하나 들고 왔어요. 파트타임 비정규직에서 풀타임 정규직으로 승격되었다는[promoted to full-time employment] 기쁜 소식이랍니다. 그런데, 그 소식을 전해 들은 가드너의 표정이 그렇게 밝지가 않은 것은 대체 무엇 때문일까요?

Warm Up! 오늘 배울 표현

오늘 등장하는 표현들입니다. 어떤 표현이 들어가야 할지 생각해 보세요.

* ____________. 맨 처음부터.
* ________! 엄청 잘하는데!
* ____________________. 코니가 음악에 흠뻑 빠져들었잖아.
* That's ____________________ to be. 나는 거기에 가는 게 죽기보다 더 싫었거든.

바로 이 장면!

오디오 파일을 듣고 3번 따라 말해보세요.

01-1.mp3

JOE
조

Alright! Let's try something else. Uh... **from the top.**[1] Ready? One, two, three...
좋아! 다른 것도 한번 해 보자. 어… 맨 처음부터. 준비됐지? 하나, 둘, 셋…

JOE
조

One, two, three, four! Stay on the beat! Two, three four—that's a C Sharp, horns!
하나, 둘, 셋, 넷! 박자 흐트러지지 말고! 둘, 셋, 넷—그건 C 샵이야, 관악기!

JOE
조

Two, three, I see you, Caleb!
둘, 셋, 케일럽, 딴짓하는 거 다 보인다!

JOE
조

Rachel, now you!
레이첼, 이제 네 차례야!

RACHEL
레이첼

Forgot my sax, Mr. G.
색소폰 까먹고 안 가져왔는데요, 미스터G.

JOE
조

Okay, she forgot her sax! Aaand now—aaall you, Connie. Go for it!
이런, 색소폰을 까먹고 왔다네! 그-럼 이제—모두 너, 코니. 네가 해 보거라!

CALEB
케일럽

Way to go![2]
엄청 잘하는데!

JOE
조

Hang on, hang on. What are y'all laughing at?
잠시만, 잠시만. 너희들 모두 왜 웃는 거지?

JOE
조

So **Connie got lost in it.**[3] That's a good thing!
코니가 음악에 흠뻑 빠져들었잖아. 그건 좋은 거라고!

JOE
조

Look, I remember one time... my dad took me to this jazz club, and that's **the last place that I wanted** to be.[4]
봐라. 선생님은 예전에 이런 기억이 있어… 아빠가 나를 재즈 클럽에 데려가셨는데, 나는 거기에 가는 게 죽기보다 더 싫었거든.

장면 파헤치기

구문 설명과 예문으로 이 장면의 핵심 표현을 완벽히 이해하세요.

❶ From the top. 맨 처음부터.

합창이나 연주 연습을 할 때 가장 많이 듣는 표현 중 하나예요. 악보의 맨 처음부터 시작하자고 할 때 쓰죠. 비슷한 표현으로는 from the very beginning 또는 begin at the beginning과 같은 표현들이 있어요.

* Let's do it again **from the top**. 맨 처음부터 다시 해 보자.
* Let's take it **from the top**. 맨 처음부터 해 보자.

❷ Way to go! 엄청 잘하는데!

상대방이 어려운 일을 멋지게 잘 해냈을 때 칭찬하며 외치는 표현이에요. '바로 그거야!' '정말 잘했어!'와 같은 의미로 쓰이지요. 때때로 비아냥거리며 '참 잘~ 한다'라는 뜻으로 쓸 때도 있답니다.

* **Way to go!** I knew you could do it. 잘했어! 네가 해낼 줄 알았어!
* **Way to go!** You've ruined my Christmas! 참 잘~ 했다! 네가 내 크리스마스를 다 망쳤다고!

❸ Connie got lost in it. 코니가 음악에 흠뻑 빠져들었잖아.

⟨be동사 + lost in ~⟩은 '~에 푹 빠져서 제정신이 아닌' 상태를 묘사할 때 쓰는 표현이에요. 동사를 get으로 쓰면 '흠뻑/푹 빠져들다'라는 의미가 됩니다.

* **I was lost in** my thoughts. 난 생각에 푹 빠져 있었어.
* **They got lost in** that song. 그들은 그 노래에 흠뻑 빠져들었다.

❹ That's the last place that I wanted to be. 나는 거기에 가는 게 죽기보다 더 싫었거든.

⟨주어 + 동사 + the last + 명사 + (that) + I want to + 동사⟩는 뭔가 생각만 해도 끔찍할 정도로 하기 싫거나, 누군가를 만나기가 너무 싫을 때 쓰는 패턴이에요. 예를 들어, That's the last thing I want. '그건 내가 제일 원하지 않는 것이야.' Dan is the last person I want to see now. '댄은 내가 지금 제일 보기 싫은 사람이야.' 이런 식으로 쓸 수 있어요.

★ 영화 속 패턴 익히기

영화 속 패턴 익히기

오늘 배운 장면에서 뽑은 핵심 패턴으로 다양한 표현을 만들어 보세요.

01-2.mp3

That's the last + 명사 + (that) + I want to ~

~(하는 것)은 내가 가장 원하지 않는 것이야.

Step 1 기본 패턴 연습하기

1 **That's the last sitcom I want to** watch. 난 그 시트콤 정말 싫어.

2 **That's the last place I want to** go. 거기 가는 게 제일 싫어.

3 **That's the last thing I want to** do. 그게 제일 하기 싫은 거야.

4 ______________________ read. 그 책은 내가 제일 싫어하는 책이야.

5 ______________________ from you. 너한테 가장 듣기 싫은 소리가 바로 그거야.

Step 2 패턴 응용하기 | 주어 + be동사 + the last + 명사 + (that) + I want to ~

1 **This is the last job I want.** 이건 내가 가장 원하지 않는 직업이야.

2 **Jason is the last guy I want to** see right now. 내가 지금 제일 보기 싫은 남자가 제이슨이야.

3 **She's the last person I want to** talk to right now. 지금 내가 가장 대화하고 싶지 않은 사람이 바로 그녀야.

4 ______________________ see. 내가 제일 보기 싫은 영화가 그 영화야.

5 ______________________ hear. 내가 제일 듣기 싫은 소식이 그 소식이야.

Step 3 실생활에 적용하기

A Let's go grab something to eat.
B 내가 가장 하기 싫은 게 먹는 거야.
A Oh, that's right. You said you were on a diet.

A 뭣 좀 먹으러 가자.
B Eating is the last thing I want to do.
A 아, 맞다. 너 다이어트 한다고 했지.

정답 Step 1 4 That's the last book I want to 5 That's the last thing I want to hear Step 2 4 That's the last movie I want to 5 That's the last news I want to

확인학습

문제를 풀며 오늘 배운 표현을 완벽히 내 것으로 만드세요.

A | 영화 속 대화를 완성해 보세요.

JOE Alright! Let's try ❶ ______________ else. Uh... ❷ ______________. Ready? One, two, three...
좋아! 다른 것도 한번 해 보자. 어… 맨 처음부터. 준비됐지? 하나, 둘, 셋…

JOE One, two, three, four! ❸ ______________! Two, three four—that's a C Sharp, horns!
하나, 둘, 셋, 넷! 박자 흐트러지지 말고! 둘, 셋, 넷—그건 C 샵이야, 관악기!

JOE Two, three, I see you, Caleb! 둘, 셋, 케일럽, 딴짓하는 거 다 보인다!

JOE Rachel, now you! 레이첼, 이제 네 차례야!

RACHEL ❹ ______________, Mr. G. 색소폰 까먹고 안 가져왔는데요, 미스터G.

JOE Okay, she forgot her sax! Aaand now—aaall you, Connie. ❺ ______________!
이런, 색소폰을 까먹고 왔다네! 그—럼 이제—모두 너, 코니. 네가 해 보거라!

CALEB ❻ ______________! 엄청 잘하는데!

JOE Hang on, hang on. What are y'all ❼ ______________?
잠시만, 잠시만. 너희들 모두 왜 웃는 거지?

JOE So ❽ ______________. That's a ❾ ______________!
코니가 음악에 흠뻑 빠져들었잖아. 그건 좋은 거라고!

JOE Look, I remember one time... my dad took me to this jazz club, and that's ❿ ______________ to be. 봐라, 선생님은 예전에 이런 기억이 있어… 아빠가 나를 재즈 클럽에 데려가셨는데, 나는 거기에 가는 게 죽기보다 더 싫었거든.

B | 다음 빈칸을 채워 문장을 완성해 보세요.

1 그 책은 내가 제일 싫어하는 책이야.
______________ read.

2 너한테 가장 듣기 싫은 소리가 바로 그거야.
______________ from you.

3 지금 내가 가장 대화하고 싶지 않은 사람이 바로 그녀야.
______________ talk to right now.

4 내가 제일 보기 싫은 영화가 그 영화야.
______________ see.

5 내가 제일 듣기 싫은 소식이 그 소식이야.
______________ hear.

정답 A

❶ something else
❷ from the top
❸ Stay on the beat
❹ Forgot my sax
❺ Go for it
❻ Way to go
❼ laughing at
❽ Connie got lost in it
❾ good thing
❿ the last place that I wanted

정답 B

1 That's the last book I want to
2 That's the last thing I want to hear
3 She's the last person I want to
4 That's the last movie I want to
5 That's the last news I want to

Day 02

Joe always Has a Plan

조에게는 항상 계획이 있다

조가 학교에서 풀타임 정규직 제안을 받은 소식에 조의 엄마, 리바가 너무 기뻐하네요. 그러면서, 조가 그 제안을 절대 놓치면 안 된다고 다그치기nag 시작합니다. 하지만, 조의 표정은the look on his face 썩 밝지가 않아요. 그러고는 한마디 하죠. "제 나름대로 계획이 있으니got a plan 제가 알아서 할게요." 리바는 아들의 떨떠름한sour 대답에 마음이 불안해집니다get anxious. 아들이 학교의 제안이 아닌 다른 데 정신이 팔려있는got distracted 걸 눈치챈 엄마는 다 큰 아들 걱정이 한가득이네요.

Warm Up! 오늘 배울 표현

오늘 등장하는 표현들입니다. 어떤 표현이 들어가야 할지 생각해 보세요.

* ______________, my prayers have been answered! 이제야 마침내, 나의 간절한 기도가 이루어졌구나!
* Workin' man, ______________! 직장인이라니, 해냈어!
* ...for when your plan ______________. 네 계획이 틀어질 때를 대비해서 말이야.
* A backup plan ______________. 대체 계획이 있어서 손해 볼 건 전혀 없죠.

바로 이 장면!

오디오 파일을 듣고 3번 따라 말해보세요.

02-1.mp3

LIBBA 리바
After all these years, my prayers have been answered![1] A full-time job!
이제야 마침내, 나의 간절한 기도가 이루어졌구나! 풀타임 정규직이라니!

LULU 룰루
Wonderful, wonderful!
정말 잘됐네요!

MELBA 멜바
Workin' man, **comin' through**![2]
직장인이라니, 해냈어!

JOE 조
Yeah. But mom I...
네, 엄마 하지만 저는…

LIBBA 리바
You're going to tell them yes, right?
당연히 받아들이겠다고 할 거지, 그렇지?

JOE 조
Don't worry, mom, I got a plan.
걱정 마세요, 엄마, 제게 다 계획이 있다고요.

LIBBA 리바
You always got a plan.
계획이야 항상 있었지.

CUSTOMER 고객
Ow!
아야!

LIBBA 리바
Maybe you need to have a backup plan too...
어쩌면 대체 계획이 필요할 수도 있지 않을까…

CUSTOMER 고객
Ow-ow!
아야-아우!

LIBBA 리바
...for when your plan **falls through**.[3]
…네 계획이 틀어질 때를 대비해서 말이야.

MELBA 멜바
A backup plan **never hurts**.[4]
대체 계획이 있어서 손해 볼 건 전혀 없죠.

LULU 룰루
Mmmhmm.
물론이지.

JOE 조
Hm.
흠.

LIBBA 리바
Joey. We didn't struggle giving you an education so you could be a middle-aged man washing your underwear in my shop.
조이, 네가 중년이 되어서까지 내 가게에 와서 자기 속옷이나 빨고 있게 하려고 우리가 그렇게 힘들게 네 뒷바라지를 한 건 아니잖니.

장면 파헤치기

구문 설명과 예문으로 이 장면의 핵심 표현을 완벽히 이해하세요.

❶ After all these years, my prayers have been answered! 이제야 마침내, 나의 간절한 기도가 이루어졌구나!

정말 오랜 세월이 흘렀음에도 불구하고 무엇인가를 여전히/아직도 하고 있거나, 긴 세월을 지나고 이제서야 마침내 염원하던 일이 이루어졌을 때 쓰는 표현이 바로 after all these years예요. 비슷한 상황에서 after all this time이라는 표현도 자주 쓴답니다.

★영화 속 패턴 익히기

❷ Workin' man, comin' through! 직장인이라니, 해냈어!

이 장면에서는 '무엇을 해내다(성취하다), 성공적으로 나타나다, 살아남다'라는 의미로 조가 드디어 정규직이 된 것을 축하하는 뉘앙스로 쓰였어요. 이외에도 큰 물건을 들고 옮길 때 비켜달라면서 '지나가요, 나와 주세요!'라고 외칠 때도 자주 써요.

* She **came through** the interview to get a job. 그녀는 취업 면접을 통과했다.
* Be careful, **coming through**! 조심하세요, 지나갑니다!

❸ ...for when your plan falls through. 네 계획이 틀어질 때를 대비해서 말이야.

fall through는 '완료되지 못하다, 실현되지 못하다'라는 의미의 숙어예요. 어떤 계획이나 목표했던 일이 기대했던 바와 달리 틀어졌을 때 사용하는 표현이랍니다.

* My vacation plans have **fallen through**. 내 휴가 계획이 틀어져 버렸어.
* The deal **fell through** at the last minute. 마지막 순간에 그 거래가 틀어져 버렸다.

❹ A backup plan never hurts. 대체 계획이 있어서 손해 볼 건 전혀 없죠.

〈주어 + never hurts〉는 '절대/결코 손해가 될 건 없다'라는 의미로 쓸 수 있는 패턴 문장이에요. not이나 never와 같은 부정어와 함께 hurt를 쓰는 경우인데, 예를 들어, It doesn't hurt to try. '시도해서 손해 볼 건 없다' 또는 It never hurts to try. '시도해서 결코 손해 볼 건 없다' 이런 식으로 표현한답니다.

* It **never hurts** to ask. 물어봐서 손해 볼 건 전혀 없어.
* Giving compliments **never hurts**. 칭찬해서 손해 볼 건 하나도 없다.

영화 속 패턴 익히기

오늘 배운 장면에서 뽑은 핵심 패턴으로 다양한 표현을 만들어 보세요.

02-2.mp3

after all these years 이제야 마침내, 오랜 세월이 흘렀지만 여전히

Step 1 기본 패턴 연습하기

1 We are still here **after all these years**. 오랜 세월이 흘렀지만 우린 여전히 여기에 있다.

2 **After all these years**, I finally found out the truth. 이제야 마침내, 나는 그 진실을 알게 되었다.

3 I'm still in love with him **after all these years**. 오랜 세월이 흘렀지만 난 여전히 그를 사랑해.

4 ______________, she finally met her mother. 이제야 마침내, 그녀는 자기 엄마를 만났지.

5 It's great you and Lisa are still together ______________.
오랜 세월이 흘렀는데도 여전히 너와 리사가 사귀고 있다니 정말 대단하구나.

Step 2 패턴 응용하기 | after all this time

1 Do you still love him **after all this time**? 이렇게 오랜 세월이 흘렀는데도 여전히 그를 사랑하니?

2 **After all this time**, I finally did it. 이토록 오랜 세월 후에야, 마침내 나는 해냈다.

3 Getting on the stage still excites me **after all this time**.
이토록 오랜 세월이 흘렀건만 아직도 무대에 오르면 흥분된다.

4 ______________, we still haven't forgotten our roots.
오랜 세월이 흘렀지만, 여전히 우리는 우리의 뿌리를 잊지 않고 있어.

5 I still think of you ______________. 그토록 오랜 세월이 흘렀지만 난 아직도 네 생각을 해.

Step 3 실생활에 적용하기

A Do you remember Gary from high school?
B Gary? Of course. 긴 세월이 흘렀지만 우린 여전히 연락하고 지내.
A You do? Wow, that's amazing.

A 너 우리 고등학교 동창 개리라고 기억하니?
B 개리? 당연하지. We still keep in touch after all these years.
A 정말? 우와, 진짜 대단하다.

정답 Step 1 4 After all these years 5 after all these years Step 2 4 After all this time 5 after all this time

확인학습

문제를 풀며 오늘 배운 표현을 완벽히 내 것으로 만드세요.

A | 영화 속 대화를 완성해 보세요.

LIBBA ❶ ______________________, my prayers have been ❷ ______________! A full-time job!
이제야 마침내, 나의 간절한 기도가 이루어졌구나! 풀타임 정규직이라니!

LULU Wonderful, wonderful! 정말 잘됐네요!

MELBA Workin' man, ❸ ______________________! 직장인이라니, 해냈어!

JOE Yeah. But mom I... 네, 엄마 하지만 저는…

LIBBA You're ❹ ______________________, right?
당연히 받아들이겠다고 할 거지, 그렇지?

JOE Don't worry, mom, ❺ ______________________.
걱정 마세요, 엄마, 제게 다 계획이 있다고요.

LIBBA You always got a plan. 계획이야 항상 있었지.

CUSTOMER Ow! 아야!

LIBBA Maybe you need to have ❻ ______________________...
어쩌면 대체 계획이 필요할 수도 있지 않을까…

CUSTOMER Ow-ow! 아야-아우!

LIBBA ...for when your plan ❼ ______________________.
…네 계획이 틀어질 때를 대비해서 말이야.

MELBA A backup plan ❽ ______________. 대체 계획이 있어서 손해 볼 건 전혀 없죠.

LULU Mmmhmm. 물론이지.

JOE Hm. 흠.

LIBBA Joey. We didn't struggle giving you an education ❾ ______________________ a middle-aged man washing your ❿ ______________________. 조이, 네가 중년이 되어서까지 내 가게에 와서 자기 속옷이나 빨고 있게 하려고 우리가 그렇게 힘들게 네 뒷바라지를 한 건 아니잖니.

B | 다음 빈칸을 채워 문장을 완성해 보세요.

1 오랜 세월이 흘렀지만 난 여전히 그를 사랑해.
I'm still in love with him ______________________.

2 이제야 마침내, 그녀는 자기 엄마를 만났지.
______________________, she finally met her mother.

3 이토록 오랜 세월이 흘렀는데도 여전히 너와 리사가 사귀고 있다니 정말 대단하구나.
It's great you and Lisa are still together ______________________.

4 오랜 세월이 흘렀지만, 여전히 우리는 우리의 뿌리를 잊지 않고 있어.
______________________, we still haven't forgotten our roots.

5 그토록 오랜 세월이 흘렀지만 난 아직도 네 생각을 해.
I still think of you ______________________.

정답 A

❶ After all these years
❷ answered
❸ comin' through
❹ going to tell them yes
❺ I got a plan
❻ a backup plan too
❼ falls through
❽ never hurts
❾ so you could be
❿ underwear in my shop

정답 B

1 after all these years
2 After all these years
3 after all these years
4 After all this time
5 after all this time

Day 03

Meeting Dorothea

도로테아와의 만남

조가 예전에 가르쳤던 학생인 컬리가 어엿한 드럼 연주자가 되었어요. 무려 톱 클래스[top class] 색소폰 연주자 도로테아 윌리엄스와 함께 연주한다는데요. 조는 도로테아 윌리엄스 밴드에서 함께 연주해 보는 게 소원이었거든요. 어느 날, 조에게 일생일대의 기회가[once-in-a-lifetime opportunity] 찾아옵니다. 조가 도로테아 윌리엄스 밴드와 함께 공연할 수 있도록 컬리가 다리를 놔준 거예요. 그녀를 처음 만난 조는 반가우면서도 너무 긴장되어서[too nervous] 말도 제대로 못 하네요. 그런데, 도로테아의 반응이 시큰둥합니다[have a lukewarm reaction]. 그들의 밴드가 중학교 선생 수준까지 내려갔냐며 은근 조를 무시하는[look down on] 것 같네요.

Warm Up! 오늘 배울 표현

오늘 등장하는 표현들입니다. 어떤 표현이 들어가야 할지 생각해 보세요.

* Leon skipping town really ______, man. 레온이 갑자기 사라져서 우리가 참 난처한 상황이에요.
* Dorothea, this is the cat ______. 도로테아, 이분이 제가 전에 얘기했던 그 연주자예요.
* Ms. Williams. ______. 윌리엄스 씨, 반갑습니다.
* So, ______ middle school band teachers now.
그래, 우리가 이제 중학교 밴드 선생 수준까지 내려간 건가.

바로 이 장면!

오디오 파일을 듣고 3번 따라 말해보세요.

03-1.mp3

CURLEY
컬리

Woo, there he is!
우, 오셨어요!

JOE
조

Hey, Curley.
안녕, 컬리.

CURLEY
컬리

Leon skipping town really **put us in a bind**, man.❶
레온이 갑자기 사라져서 우리가 참 난처한 상황이에요.

JOE
조

I'll bet.
정말 그렇겠네.

CURLEY
컬리

I'm glad you made it. My boy Bishop said he sat in on with you on a set last year in Brooklyn. Said you were great.
와주셔서 다행이에요. 내 친구 비숍이 작년에 브루클린에서 선생님과 연주할 기회가 있었다고 그러더라고요. 선생님 연주가 정말 대단했다고 들었어요.

JOE
조

Well… you know, for a coffee shop.
글쎄… 뭐, 커피숍 공연이었는걸.

CURLEY
컬리

Hey, Dorothea, this is the cat **I was telling you about**.❷ My old middle school band teacher, Mr. Gardner!
저, 도로테아, 이분이 제가 전에 얘기했던 그 연주자예요. 제 중학교 밴드 선생님, 가드너 씨예요!

JOE
조

Call me Joe, Dorothea. I mean, um… Ms. Williams. **It's a pleasure.**❸ Wow. This is amazing.
조라고 불러주세요, 도로테아. 아니 그러니까, 음… 윌리엄스 씨. 반갑습니다. 우와, 정말 놀랍네요.

CURLEY
컬리

Joe is Ray Gardner's son.
조는 레이 가드너의 아들이에요.

DOROTHEA
도로테아

So, **we're down to** middle school band teachers now.❹
그래, 우리가 이제 중학교 밴드 선생 수준까지 내려간 건가.

장면 파헤치기

구문 설명과 예문으로 이 장면의 핵심 표현을 완벽히 이해하세요.

❶ Leon skipping town really **put us in a bind**, man. 레온이 갑자기 사라져서 우리가 참 난처한 상황이에요.

put someone in a bind는 '~을 곤경에 빠뜨리다'라는 의미의 숙어예요. bind는 주로 '묶다'라는 의미의 동사로 쓰이는데, 명사로 쓰일 때는 '곤경, 귀찮은 상황'이라는 뜻이 된답니다.

* This really **puts me in a bind**. 이것 때문에 정말 난처한 상황이다.
* A lack of coordination **put us in a bind**. 서로 협조가 부족해서 난감하게 됐어.

❷ Dorothea, this is the cat **I was telling you about**. 도로테아, 이분이 제가 전에 얘기했던 그 연주자예요.

상대방에게 일전에 얘기했던 사물이나 사람을 마주하게 되었을 때, '내가 전에 네게 얘기했던 ~이야'라는 뜻으로 쓰는 패턴이 〈주어 + be동사 + 명사구 + I was telling you about〉이에요. 상황을 반대로 뒤집어서 상대방에게 '네가 내게 얘기했던 ~이다'라는 의미로 〈주어 + be동사 + 명사구 + you were telling me about〉 패턴 또한 활용하면 좋겠네요.

★ 영화 속 패턴 익히기

❸ Ms. Williams. **It's a pleasure.** 윌리엄스 씨. 반갑습니다.

처음 만난 사이에 인사를 나누며 만나서 반갑다고 표현을 할 때는 It's nice to meet you. 또는 I'm glad to meet you.와 같은 표현을 쓰는데, 같은 상황에서 I'm pleased to meet you. 또는 It's a pleasure.라는 표현을 쓰기도 합니다.

* **It's a pleasure** to work with you. 함께 일하게 되어 기뻐요.
* **It's a** great **pleasure** to introduce myself to you. 여러분들께 저를 소개할 수 있게 되어 정말 기쁩니다.

❹ So, **we're down to** middle school band teachers now.
그래, 우리가 이제 중학교 밴드 선생 수준까지 내려간 건가.

〈be동사 + down to〉는 '(~의 수준/정도까지) 내려온, ~밖에 남지 않은'이라는 의미로 쓰이는 숙어예요. 뭔가가 부족하거나 수준이 기대보다 낮아서 만족스럽지 못한 부정적인 상황에 주로 쓰는 표현이랍니다.

* **We're down to** only three people now. 이제 세 사람밖에 안 남았다.
* **I was down to** my last dime. 10센트짜리 동전 하나밖에 안 남은 상황이었어.

영화 속 패턴 익히기

오늘 배운 장면에서 뽑은 핵심 패턴으로 다양한 표현을 만들어 보세요.

03-2.mp3

~ I was telling you about. ~이/가 내가 네게 얘기했던 그거야.

Step 1 기본 패턴 연습하기

1 That's the guy **I was telling you about.** 저 남자가 내가 네게 얘기했던 그 남자야.

2 This is the restaurant **I was telling you about.** 여기가 내가 네게 얘기했던 그 식당이야.

3 This is the dog **I was telling you about.** 이 개가 내가 네게 얘기했던 그 개야.

4 That is her, the ________________. 저 사람이 바로 내가 네게 얘기했던 그 여자야.

5 Do you remember the ________________? 내가 네게 얘기했던 그거 기억나?

Step 2 패턴 응용하기 | ~ you were telling me about

1 Is this the picture **you were telling me about?** 이게 네가 얘기했던 그 사진이니?

2 Is this the book **you were telling me about?** 이 책이 네가 얘기했던 그 책이니?

3 I found the café **you were telling me about.** 네가 얘기했던 그 카페 찾았어.

4 Did you buy that ________________? 네가 얘기했던 그 카메라 샀니?

5 I met the ________________. 네가 얘기했던 그 남자 만났어.

Step 3 실생활에 적용하기

A Do you see that woman in red?

B Yes. What about her?

A 내가 너에게 말했던 여자가 바로 저 사람이야.

A 저기 빨간 옷 입은 여자 보이니?

B 응. 근데 저 여자는 왜?

A That's the woman I was telling you about.

정답 Step 1 4 girl I was telling you about 5 thing I was telling you about Step 2 4 camera you were telling me about 5 guy you were telling me about

확인학습

문제를 풀며 오늘 배운 표현을 완벽히 내 것으로 만드세요.

A | 영화 속 대화를 완성해 보세요.

CURLEY Woo, ❶ ______________! 우, 오셨어요!

JOE Hey, Curley. 안녕, 컬리.

CURLEY Leon skipping town really ❷ ______________, man. 레온이 갑자기 사라져서 우리가 참 난처한 상황이에요.

JOE I'll bet. 정말 그렇겠네.

CURLEY I'm glad ❸ ______________. My boy Bishop said he sat in on with you on a ❹ ______________ Brooklyn. Said ❺ ______________. 와주셔서 다행이에요. 내 친구 비숍이 작년에 브루클린에서 선생님과 연주할 기회가 있었다고 그러더라고요. 선생님 연주가 정말 대단했다고 들었어요.

JOE Well... you know, for a coffee shop. 글쎄··· 뭐, 커피숍 공연이었는걸.

CURLEY Hey, Dorothea, this is the cat ❻ ______________. My old middle school band teacher, Mr. Gardner! 도로테아, 이분이 제가 전에 얘기했던 그 연주자예요. 제 중학교 밴드 선생님, 가드너 씨예요!

JOE Call me Joe, Dorothea. I mean, um... Ms. Williams. ❼ ______________. Wow. This is ❽ ______________. 조라고 불러주세요, 도로테아. 아니 그러니까, 음··· 윌리엄스 씨. 반갑습니다. 우와, 정말 놀랍네요.

CURLEY Joe is Ray Gardner's son. 조는 레이 가드너의 아들이에요.

DOROTHEA So, ❾ ______________ middle school ❿ ______________. 그래, 우리가 이제 중학교 밴드 선생 수준까지 내려간 건가.

B | 다음 빈칸을 채워 문장을 완성해 보세요.

1 이 개가 내가 네게 얘기했던 그 개야.
This is the dog ______________.

2 저기 있는 사람이 바로 내가 네게 얘기했던 그 여자야.
That is her, the ______________.

3 내가 네게 얘기했던 그거 기억나?
Do you remember the ______________?

4 네가 얘기했던 그 카메라 샀니?
Did you buy that ______________?

5 네가 얘기했던 그 남자 만났어.
I met the ______________.

정답 A

❶ there he is
❷ put us in a bind
❸ you made it
❹ set last year in
❺ you were great
❻ I was telling you about
❼ It's a pleasure
❽ amazing
❾ we're down to
❿ band teachers now

정답 B

1 I was telling you about
2 girl I was telling you about
3 thing I was telling you about
4 camera you were telling me about
5 guy you were telling me about

Day 04

The Great Beyond

머나먼 저세상

도로테아 윌리엄스 밴드와 함께 연주할 기회를 얻은 조 가드너. 너무나도 기쁘고 흥분한 나머지 친구와 통화를 하며 정신이 팔려서[absorbed in] 도로 위의 쌩쌩 달리는 차들을 무시하고[ignore], 위험한 공사 현장도[construction sites] 신경 쓰지 않고 걸어 가네요. 몇 차례 아슬아슬 위험에 빠질 뻔하다가[close to getting hurt] 이제 좀 조심해야지 긴장하고 한 발을 내딛는 순간, 뚜껑이 열려 있는 맨홀 속으로 쏙[falls right into a manhole]! 결국 사고가 나버렸네요. 조가 눈을 떠보니, 이상한 곳에 와 있어요. 나는 누구? 여긴 어디? 예전과는 다르게 자기 몸에서 광채가 나고[glowing], 저 멀리 거대한 빛이 보이고, 사람들이 가득 줄을 서서 그곳을 향해 가고 있어요. 그곳은 바로 '머나먼 저세상(The Great Beyond)!'

Warm Up! 오늘 배울 표현

오늘 등장하는 표현들입니다. 어떤 표현이 들어가야 할지 생각해 보세요.

* Ah, it ______________ for you. 아, 이 일을 갑자기 겪게 됐군.
* ______________, as in beyond... life!? 그러니까 그건, 저편… 인생의!?
* ______________ my dream about the walrus. 내가 꿨던 바다코끼리 꿈보다 더 환상적이야.
* I really don't think you ______________.
  당신이 뭐 이렇다 저렇다 말할 수 있는 문제는 아닌 건 같은데요.

바로 이 장면!

오디오 파일을 듣고 3번 따라 말해보세요.

04-1.mp3

JOE 조
I'm Joe. Joe Gardner. Look, I'm not supposed to be here!
저는 조예요. 조 가드너. 저기요. 저는 여기에 있으면 안 돼요!

GEREL 제럴
Ah, it **must have been sudden** for you.[1] You see Joe, I'm 106 years old. Been waiting a long time for this.
아. 이 일을 갑자기 겪게 됐군. 이봐 조. 나는 106살이네. 난 이것을 오랫동안 기다려 왔다네.

JOE 조
For what?
뭐 때문에요?

GEREL 제럴
The Great Beyond.
머나먼 저세상.

JOE 조
The Great Beyond!? **As in**, as in beyond... life!?[2]
머나먼 저세상!? 그러니까 그건, 저편… 인생의!?

AMIR 아미르
Yeah.
맞아요.

JOE 조
That's death right there!
저기 있는 게 바로 죽음이군요!

MIALI 미알리
This beats my dream about the walrus.[3]
내가 꿨던 바다코끼리 꿈보다 더 환상적이야.

GEREL 제럴
Exciting, isn't it!?
정말 멋지지, 안 그런가!?

JOE 조
No! NO, no, no! Listen, I have a gig tonight! I can't die now!
아니야! 안 돼, 안 돼, 안 돼! 저기요, 저는 오늘 밤에 공연이 있다고요! 지금 죽을 수는 없어요!

AMIR 아미르
Well, I really don't think you **have a lot to say about this**.[4]
흠, 당신이 뭐 이렇다 저렇다 말할 수 있는 문제는 아닌 건 같은데요.

JOE 조
Yes! Yes, I do. I'm not dying the very day I got my shot. I'm due! Heck, I'm overdue! Nah ah. I'm outta here.
맞아요! 네, 저는 할 말이 많다고요. 내 인생의 기회를 맞은 바로 그날 죽을 순 없다고요. 이제서야 나의 때가 온 건데! 젠장, 그것도 원래 이미 왔어야 할 건데 너무 늦게 온 거예요! 이러는 건 진짜 아니죠. 저는 여기서 나갈 거예요.

장면 파헤치기

구문 설명과 예문으로 이 장면의 핵심 표현을 완벽히 이해하세요.

❶ Ah, it **must have been sudden** for you. 아, 이 일을 갑자기 겪게 됐군.

〈주어 + must have been ~〉은 '~는 ~했을 거야/~했음에 틀림없다'라는 의미로 강한 추측을 나타낼 때 쓰는 패턴이에요. must have been과 함께 알아두면 좋은 패턴은 would have been '아마 ~했을/였을 것이다, should have been '~했어야/됐어야 했다', could have been '~할/될 수도 있었다' 등이 있는데, 이 중에 could have been 패턴도 함께 살펴보도록 할게요.

★ 영화 속 패턴 익히기

❷ **As in**, as in beyond... life!? 그러니까 그건, 저편… 인생의!?

as in은 주로 상대방이 말한 단어 철자를 되물으며 확인할 때 쓰는 표현이에요. 이름을 말할 때나 주소를 말할 때 자주 쓰게 되지요. 그리고, 철자 확인할 때뿐만 아니라 상대방이 한 말에 대해 자신이 제대로 알아들은 건지 다시 확인할 때도 쓴답니다.

* That's A, **as in** Apple. 애플이라고 할 때 그 A예요.
* Michael Li? **As in**, the guy who taught my father how to sell cars?
  마이클 리? 우리 아빠에게 차를 어떻게 파는지 가르쳐 준 그 사람 말이지?

❸ **This beats** my dream about the walrus. 내가 꿨던 바다코끼리 꿈보다 더 환상적이야.

beat는 기본적으로 '(게임, 시합 등에서) 이기다'라는 의미로 쓰이는 동사인데, 위의 문장에서처럼 〈주어 + beat ~〉 형식의 문장에서 '(위력이/정도가) 더 대단하다'는 의미로도 쓸 수 있답니다.

* **This beats** everything. 이게 세상에서 최고야.
* Nothing **beats** a big smile. 함박웃음을 이길 상대는 없다.

❹ I really don't think you **have a lot to say about this**.
당신이 뭐 이렇다 저렇다 말할 수 있는 문제는 아닌 건 같은데요.

have something to say about ~은 '~에 대해 할 말이 있다'라는 의미로 쓸 수 있는 패턴인데, something 대신에 a lot이나 so much를 넣으면 '할 말이 많다'는 뜻이 되고, little/nothing을 넣으면 '할 말이 거의/아예 없다'는 뜻이 된답니다.

* I **have nothing to say about** this. 이것에 대해서는 할 말이 없네.
* We **have so much to say about** this hotel. 이 호텔에 대해서 할 말이 정말 많아요.

영화 속 패턴 익히기

오늘 배운 장면에서 뽑은 핵심 패턴으로 다양한 표현을 만들어 보세요.

04-2.mp3

주어 + must have been ~
~는 ~했을 거야, ~했음에 틀림없다. (강한 추측)

Step 1 기본 패턴 연습하기

1 You **must have been** tired. 정말 피곤했겠구나.

2 She **must have been** at home. 그녀는 집에 있었겠구나.

3 That **must have been** scary. 정말 무서웠겠네.

4 They ______________ talking about us. 그들은 분명 우리 얘기를 하고 있었을 거야.

5 It ______________. 그건 분명 사랑이었을 거야.

Step 2 패턴 응용하기 | 주어 + could have been ~

1 You **could have been** nicer to me. 나에게 더 잘해 줄 수도 있었잖아.

2 I **could have been** hit by a bike. 자전거에 치일 뻔했다.

3 Kyle **could have been** a movie star. 카일은 잘나가는 배우가 될 수도 있었어.

4 ______________ worse. 더 심할 수도 있었어.

5 Things ______________ if you had been there.
네가 거기에 있었다면 상황이 좀 달랐을 수도 있지.

Step 3 실생활에 적용하기

A I went to Andy's house last night.
B 재미있었겠네.
A You bet.

A 어젯밤에 앤디 집에 갔었어.
B That must have been fun.
A 당연하지.

정답 Step 1 4 must have been 5 must have been love Step 2 4 It could have been 5 could have been different

확인학습

문제를 풀며 오늘 배운 표현을 완벽히 내 것으로 만드세요.

A | 영화 속 대화를 완성해 보세요.

JOE I'm Joe. Joe Gardner. Look, I'm not ❶ ______________!
저는 조예요. 조 가드너. 저기요, 저는 여기에 있으면 안 돼요!

GEREL Ah, it ❷ ______________ for you. You see Joe, I'm 106 years old. Been ❸ ______________ for this.
아, 이 일을 갑자기 겪게 됐군. 이봐 조, 나는 106살이네. 난 이것을 오랫동안 기다려 왔다네.

JOE For what? 뭐 때문에요?

GEREL The Great Beyond. 머나먼 저세상.

JOE The Great Beyond!? ❹ ______________, as in beyond... life!?
머나먼 저세상!? 그러니까 그건, 저편··· 인생의!?

AMIR Yeah. 맞아요.

JOE That's ❺ ______________! 저기 있는 게 바로 죽음이군요!

MIALI ❻ ______________ my dream about the walrus.
내가 꿨던 바다코끼리 꿈보다 더 환상적이야.

GEREL Exciting, isn't it!? 정말 멋지지, 안 그런가!?

JOE No! NO, no, no! Listen, I have a gig tonight! I ❼ ______________ ______________! 아니야! 안 돼, 안 돼, 안 돼! 저기요, 저는 오늘 밤에 공연이 있다고요! 지금 죽을 수는 없어요!

AMIR Well, I really don't think you ❽ ______________ ______________. 흠, 당신이 뭐 이렇다 저렇다 말할 수 있는 문제는 아닌 건 같은데요.

JOE Yes! Yes, I do. I'm not ❾ ______________ I got my shot. I'm due! Heck, I'm ❿ ______________! Nah ah. I'm outta here. 맞아요! 네, 저는 할 말이 많다고요. 내 인생의 기회를 맞은 바로 그날 죽을 순 없다고요. 이제서야 나의 때가 온 건데! 젠장, 그것도 원래 이미 왔어야 할 건데 너무 늦게 온 거예요! 이러는 건 진짜 아니죠. 저는 여기서 나갈 거예요.

B | 다음 빈칸을 채워 문장을 완성해 보세요.

1 정말 무서웠겠네.
That ______________ scary.

2 그들은 분명 우리 얘기를 하고 있었을 거야.
They ______________ talking about us.

3 그건 분명 사랑이었을 거야.
It ______________.

4 더 심할 수도 있었어.
______________ worse.

5 네가 거기에 있었다면 상황이 좀 달랐을 수도 있지.
Things ______________ if you had been there.

정답 A

❶ supposed to be here
❷ must have been sudden
❸ waiting a long time
❹ As in
❺ death right there
❻ This beats
❼ can't die now
❽ have a lot to say about this
❾ dying the very day
❿ overdue

정답 B

1 must have been
2 must have been
3 must have been love
4 It could have been
5 could have been different

Day 05

The Great Before

태어나기 전 세상

갑작스런 사고로[accident] '머나먼 저세상' 즉 저승길에 오른 된 조는 일생일대의 기회를[the chance of a lifetime] 앞두고 저쪽 세상에 절대 갈 수 없다며 (마치 거꾸로 강을 거슬러 오르는 힘찬 연어처럼!) 필사적으로 벗어나려고[against the flow] 발버둥 칩니다. 그럴수록 저세상은 가까워지고 있지만 결국 악착같은 몸부림에 그곳을 벗어나 알 수 없는 곳으로 툭, 떨어집니다. 이곳은 아까의 세상과는 다르게 뽀송뽀송[fuzzy] 귀여운 솜털같이 생긴 아기 영혼들이 즐겁게 뛰어다니고, 기묘하게 생긴 키다리 카운슬러가 친절하게 안내합니다. 여기는 지옥이 아닌 바로 '태어나기 전 세상(The Great Before)'인데 리브랜딩 해서[rebranding] '유 세미나(You Seminar)'라는 곳이랍니다.

Warm Up! 오늘 배울 표현

오늘 등장하는 표현들입니다. 어떤 표현이 들어가야 할지 생각해 보세요.

* ______________! 조용 조용!
* It's easy to ______________. 길을 잃는 경우가 많더라고요.
* ______________? 그 얘기는 그러니까 제가… 죽었다는 건가요?
* ______________! 정말 즐거운 시간이 될 거예요!

바로 이 장면!

오디오 파일을 듣고 3번 따라 말해보세요.

05-1.mp3

COUNSELOR JERRY A 카운슬러 제리A
You can call me Jerry.
제리라고 부르세요.

JOE 조
Jerry. Okay. Hey, is this heaven?
제리. 알았어요. 그런데, 여기는 천국인가요?

COUNSELOR JERRY A 카운슬러 제리A
Ha ha, no!
하하. 아니요!

JOE 조
Is it… H-E-double hockey sticks?
그러면 여기는… H-E-하키 두 짝?

NEW SOUL 새 영혼
Hell!
지옥!

NEW SOULS 새 영혼들
Hell! Hell! Hell!
지옥! 지옥! 지옥!

COUNSELOR JERRY A 카운슬러 제리A
Shhh. **Quiet coyote!**[1] It's easy to **get turned around.**[2] This isn't the Great Beyond. It's the Great Before!
쉿. 조용 조용! 길을 잃는 경우가 많더라고요. 여기는 머나먼 저세상이 아니에요. 여기는 태어나기 전 세상이랍니다!

JOE 조
The Great Before?
태어나기 전 세상?

COUNSELOR JERRY A 카운슬러 제리A
Oh, we call it the You Seminar now. Rebranding.
아. 지금은 유 세미나라고 불러요. 리브랜딩 해서.

JOE 조
Does this mean I'm … dead?[3]
그 얘기는 그러니까 제가… 죽었다는 건가요?

COUNSELOR JERRY A 카운슬러 제리A
Not yet. Your body's in a holding pattern. It's complicated. I'll get you back to your group.
아직은 아니에요. 당신의 육체는 지금 대기 중이에요. 설명하자면 좀 복잡해요. 당신 동료들에게 데려다 줄게요.

COUNSELOR JERRY A 카운슬러 제리A
Come on, little souls! Get on up here!
자 어서, 꼬마 영혼들! 올라타세요!

COUNSELOR JERRY A 카운슬러 제리A
Welcome to the You Seminar! **You are in for a treat!**[4]
유 세미나에 온 것을 환영해요! 정말 즐거운 시간이 될 거예요!

장면 파헤치기

구문 설명과 예문으로 이 장면의 핵심 표현을 완벽히 이해하세요.

❶ Quiet coyote! 조용 조용!

수업 시간에 아이들을 조용히 시킬 때 선생님들이 흔히 쓰는 표현인데, 중지와 약지를 엄지와 함께 붙이고 검지와 새끼손가락을 위로 치켜들어 손으로 여우 모양을 만들면서 외친답니다. coyote '코요테'는 갯과에 속하는 북미산 야생 동물로 여우와 비슷하게 생겼어요. 발음이 비슷한 quiet와 coyote를 일종의 라임(rhyme)으로 만든 영유아들을 집중시킬 수 있는 귀여운 표현이죠. '나중에 보자'는 표현을 장난스럽게 See you later alligator! 이렇게 하는 것처럼 말이죠.

* My teacher always says, "**Quiet coyote!**" 우리 선생님은 항상 '조용 조용'이라고 말해.
* Raise your hand and make the **quiet coyote** sign. 손을 들어서 '조용 코요테' 모양을 만들어 봐라.

❷ It's easy to get turned around. 길을 잃는 경우가 많더라고요.

get turned around는 get lost와 마찬가지로 길을 잃다'라는 의미로 쓰는 숙어에요. 위의 문장에서처럼 It's easy to와 함께 쓰이는 경우가 많아 보여요.

* I always **get turned around** in New York. 난 뉴욕에 가면 항상 길을 잃어.
* It began to get dark and they **got turned around**. 어두워지기 시작하면서 그들은 길을 잃었다.

❸ Does this mean I'm ... dead? 그 얘기는 그러니까 제가… 죽었다는 건가요?

〈Does this/that mean + 주어 + 동사〉는 '그러니까/그렇다면 이것은 ~가 ~했다는/라는 뜻인가?'라는 의미의 패턴 표현이에요. 뭔가 의구심이 생기는 부분에 대해서 상대방에게 재확인하려고 묻는 상황에서 자주 쓰인답니다.

★영화 속 패턴 익히기

❹ You are in for a treat! 정말 즐거운 시간이 될 거예요!

in for a treat은 '즐길 수 있는, 기대해도 좋은, 신나는'이라는 의미의 숙어예요. 뭔가 특별한 선물/대접 'treat'을 받는 상황처럼, 아주 특별히 즐겁고 신나는 경험을 하게 된 상황에 쓴답니다.

* **We are in for a treat** tonight. 오늘 밤은 특별히 즐거운 시간이 될 거야.
* If you are a foodie, then **you are in for a treat**. 당신이 미식가라면 오늘 더욱 즐거운 시간이 될 거예요.

영화 속 패턴 익히기

오늘 배운 장면에서 뽑은 핵심 패턴으로 다양한 표현을 만들어 보세요.

05-2.mp3

Does this mean (that) + 주어 + 동사 그렇다면 이것은 ~가 ~했다는/라는 뜻인가?

Step 1 기본 패턴 연습하기

1 **Does this mean** you don't need it? 그럼 너는 이게 필요 없다는 뜻인가?

2 **Does this mean** I have no chance? 그러면 이제 내겐 전혀 기회가 없다는 뜻인가?

3 **Does this mean** we can't be friends? 그렇다면 우리는 친구가 될 수 없다는 뜻인가?

4 ______________________ officially back together? 그러면 이제 그들이 다시 공식적으로 사귄다는 뜻인가?

5 ______________________ will go to jail? 그러면 그녀가 감옥에 들어가게 된다는 뜻인가?

Step 2 패턴 응용하기 | Does that mean (that) + 주어 + 동사

1 **Does that mean** he's not coming? 그러면 그가 안 온다는 뜻인가?

2 **Does that mean** we'll survive? 그러면 우리가 생존할 수 있다는 뜻인가?

3 **Does that mean** I'm crazy? 그럼 내가 미쳤다는 뜻인가?

4 ______________________ pregnant? 그러면 그녀가 임신했다는 뜻인가?

5 ______________________ gone for good? 그러면 그들이 아예 사라졌다는 뜻인가?

Step 3 실생활에 적용하기

A You can take it with you if you want.
B 그럼 이걸 내가 가져도 된다는 말인가요?
A Sure.

A 그거 원하시면 가져가셔도 돼요.
B Does this mean I can keep it?
A 네, 그럼요.

정답 Step 1 4 Does this mean they are 5 Does this mean she Step 2 4 Does that mean she's 5 Does that mean they are

확인학습

문제를 풀며 오늘 배운 표현을 완벽히 내 것으로 만드세요.

A | 영화 속 대화를 완성해 보세요.

COUNSELOR JERRY A You ❶ ______________ Jerry. 제리라고 부르세요.

JOE Jerry. Okay. Hey, is ❷ ______________? 제리. 알았어요. 그런데, 여기는 천국인가요?

COUNSELOR JERRY A Ha ha, no! 하하, 아니요!

JOE Is it… H-E-double hockey sticks? 그러면 여기는… H-E-하키 두 짝?

NEW SOUL Hell! 지옥!

NEW SOULS Hell! Hell! Hell! 지옥! 지옥! 지옥!

COUNSELOR JERRY A Shhh. ❸ ______________! It's easy to ❹ ______________. This isn't the Great Beyond. It's the Great Before! 쉿. 조용 조용! 길을 잃는 경우가 많더라고요. 여기는 머나먼 저세상이 아니에요. 여기는 태어나기 전 세상이랍니다!

JOE The Great Before? 태어나기 전 세상?

COUNSELOR JERRY A Oh, ❺ ______________ the You Seminar now. Rebranding. 아, 지금은 유 세미나라고 불러요. 리브랜딩 해서.

JOE ❻ ______________? 그 얘기는 그러니까 제가… 죽었다는 건가요?

COUNSELOR JERRY A Not yet. Your body's in a holding pattern. ❼ ______________. I'll get you ❽ ______________. 아직은 아니에요. 당신의 육체는 지금 대기 중이에요. 설명하자면 좀 복잡해요. 당신 동료들에게 데려다 줄게요.

COUNSELOR JERRY A Come on, little souls! ❾ ______________! 자 어서, 꼬마 영혼들! 올라타세요!

COUNSELOR JERRY A Welcome to the You Seminar! ❿ ______________! 유 세미나에 온 것을 환영해요! 정말 즐거운 시간이 될 거예요!

B | 다음 빈칸을 채워 문장을 완성해 보세요.

1 그렇다면 우리는 친구가 될 수 없다는 뜻인가?
______________ we can't be friends?

2 그러면 이제 그들이 다시 공식적으로 사귄다는 뜻인가?
______________ officially back together?

3 그러면 그녀가 감옥에 들어가게 된다는 뜻인가?
______________ will go to jail?

4 그러면 그녀가 임신했다는 뜻인가?
______________ pregnant?

5 그러면 그들이 아예 사라졌다는 뜻인가?
______________ gone for good?

정답 A

❶ can call me
❷ this heaven
❸ Quiet coyote
❹ get turned around
❺ we call it
❻ Does this mean I'm ... dead
❼ It's complicated
❽ back to your group
❾ Get on up here
❿ You are in for a treat

정답 B

1 Does this mean
2 Does this mean they are
3 Does this mean she
4 Does that mean she's
5 Does that mean they are

Day 06

Everybody Is Jerry!

모두가 다 제리!

조는 아기 영혼들처럼 지구 관문을[the Earth Portal] 통해 뛰어내리려고[jump down] 하지만, 어찌 된 영문인지 지구로 돌아가지 못하고 계속 튕겨 나옵니다[bounces off]. 다시 '유 세미나'로 돌아온 조에게 카운슬러 제리가 '멘토'라고 부르는데, 사실은 '머나먼 저세상'으로 가야 하는 조가 엉뚱한 곳에 떨어지며 얼떨결에[on impulse] 멘토가 되어버린 거죠. 저세상으로 가느니 멘토가 돼서 어떻게든 지구로 되돌아가겠다고 작심한 조는 멘토 오리엔테이션 탁자에서 아무 이름표[name tab]를 집어 듭니다. 그런데 이곳의 특이한 점은[What's unusual is that] 카운슬러들의 이름이 모두 똑같다는 거예요. 나도 제리, 너도 제리, 모두 다 제리!

Warm Up! 오늘 배울 표현

오늘 등장하는 표현들입니다. 어떤 표현이 들어가야 할지 생각해 보세요.

* I'm not sure ______________ be here. 제가 여기에 있는 게 맞는지 잘 모르겠는데요.
* ______________ opt out. 원하시면 언제든지 그만두셔도 됩니다.
* Actually, ______________, you know, the mentoring sounds like fun. 사실, 다시 생각해 보니, 멘토링하는 게 재미있을 것도 같네요.
* ______________. 여기서부터는 제리가 맡아서 진행할 겁니다.

바로 이 장면!

오디오 파일을 듣고 3번 따라 말해보세요. 06-1.mp3

COUNSELOR JERRY A Hello Jerry! Got a lost mentor for you.
카운슬러 제리A 안녕 제리! 여기 길 잃은 멘토가 있어.

COUNSELOR JERRY D Thanks, Jerry.
카운슬러 제리D 고마워, 제리.

JOE Uh look, I'm not sure **I'm supposed to** be here.[1]
조 어 저기요. 제가 여기에 있는 게 맞는지 잘 모르겠는데요.

COUNSELOR JERRY A I understand. Mentoring isn't for everyone. **You're more than welcome to** opt out.[2]
카운슬러 제리A 이해해요. 멘토링이 누구에게나 다 맞는 건 아니니까요. 원하시면 언제든지 그만두셔도 됩니다.

JOE Ah! Actually, **on second thought**, you know, the mentoring sounds like fun.[3]
조 아! 사실, 다시 생각해 보니, 멘토링하는 게 재미있을 것도 같네요.

COUNSELOR JERRY A I'm glad to hear it. **Jerry will take it from here.**[4]
카운슬러 제리A 그렇게 생각하신다니 다행이네요. 여기서부터는 제리가 맡아서 진행할 겁니다.

COUNSELOR JERRY D Thanks, Jerry. Head right on over there to Jerry.
카운슬러 제리D 고마워, 제리. 바로 저기 있는 제리에게 가시면 됩니다.

COUNSELOR JERRY F Thank you, Jerry.
카운슬러 제리F 고마워, 제리.

JOE Is everyone here named Jerry?
조 여기는 모두 이름이 제리인가요?

COUNSELOR JERRY A Good luck!
카운슬러 제리A 행운을 빌어요!

장면 파헤치기

구문 설명과 예문으로 이 장면의 핵심 표현을 완벽히 이해하세요.

❶ I'm not sure **I'm supposed to** be here. 제가 여기에 있는 게 맞는지 잘 모르겠는데요.

〈be동사 + supposed to〉는 '(원래) ~하기로 되어 있다'라는 뜻으로 쓰는 숙어예요. 꼭 be supposed to라고 외워야 해요. 중간에 부정어 not을 넣어서 be not supposed to라고 하면 '(원래) ~하지 않기로 되어 있다/~하면 안 된다'라는 의미가 된답니다.

★ 영화 속 패턴 익히기

❷ **You're more than welcome to** opt out. 원하시면 언제든지 그만두셔도 됩니다.

welcome이 '환영하다'라는 뜻이니 more than welcome이라고 하면 '환영하는 것보다 더 반기다'라는 뜻이겠죠. You are more than welcome to ~ 패턴으로 '~하는 거 대환영이다/언제든지 ~해도 좋다'라는 의미로 자주 쓰인답니다.

* **You're more than welcome to** stay with us. 더 머물다가 가시는 거 대환영이에요.
* **You're more than welcome to** email me. 언제든지 제게 이메일하셔도 좋습니다.

❸ Actually, **on second thought**, you know, the mentoring sounds like fun.

사실, 다시 생각해 보니, 멘토링하는 게 재미있을 것도 같네요.

on second thought는 '다시 생각해 보니'라는 뜻으로, 어떤 일에 대해서 자기 생각이 바뀌었음을 상대에게 알릴 때 쓰는 표현이에요. 전치사가 on이고 second 앞에 관사는 없으니 유의해 주세요.

* **On second thought**, I think I'll quit my job. 다시 생각해 보니, 직장을 그만둬야 할 것 같네.
* **On second thought**, maybe I'll just buy it. 다시 생각해 보니, 그냥 사는 게 나을 것 같네.

❹ **Jerry will take it from here.** 여기서부터는 제리가 맡아서 진행할 겁니다.

take it from here는 이제까지 다른 사람이 맡았던 일을 지금/여기서부터는 또 다른 사람이 책임을 맡게 될 것이라고 할 때 쓰는 표현이에요.

* Thank you and **we'll take it from here.** 고마웠고요 이제 우리가 맡아서 진행할게요.
* **You'll have to take it from here.** 여기서부터는 네가 맡아서 해야 해.

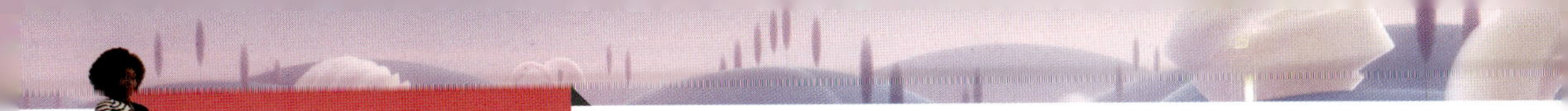

영화 속 패턴 익히기

오늘 배운 장면에서 뽑은 핵심 패턴으로 다양한 표현을 만들어 보세요.

06-2.mp3

I'm supposed to ~

난 ~하기로 되어 있다.

Step 1 기본 패턴 연습하기

1 **I'm supposed to** finish this by tomorrow. 나 이거 내일까지 끝내기로 되어 있는 거야.

2 **I'm supposed to** be here until March. 나 여기에 3월까지 있기로 되어 있어.

3 **I'm supposed to** meet someone here. 나 여기에서 누군가를 만나기로 되어 있어.

4 ______________________ you. 난 너를 보호해야 하는 사람이야.

5 ______________________ this stuff. 이런 건 원래 내가 잘 알고 있어야 하는 건데.

Step 2 패턴 응용하기 | I'm not supposed to ~

1 **I'm not supposed to** be here. 난 여기에 있으면 안 돼.

2 **I'm not supposed to** tell you this. 난 네게 이걸 말해 주면 안 돼.

3 **I'm not supposed to** be like this. 난 이러면 안 되는 건데.

4 ______________________ about it. 난 이것에 대해서 이야기하면 안 돼.

5 ______________________ you anymore. 난 너에게 더 이상 전화하면 안 돼.

Step 3 실생활에 적용하기

A 집에 9시까지 가야만 해.
B Do you have a curfew?
A Something like that.

A I'm supposed to be home by 9.
B 통금이 있는 거니?
A 뭐 그런 거 비슷한 게 있어.

정답 Step 1 4 I'm supposed to protect 5 I'm supposed to know Step 2 4 I'm not supposed to talk 5 I'm not supposed to call

확인학습

문제를 풀며 오늘 배운 표현을 완벽히 내 것으로 만드세요.

A | 영화 속 대화를 완성해 보세요.

COUNSELOR JERRY A Hello Jerry! Got a ❶ ______________.
안녕 제리! 여기 길 잃은 멘토가 있어.

COUNSELOR JERRY D Thanks, Jerry. 고마워, 제리.

JOE Uh look, I'm not sure ❷ ______________ be here.
어 저기요, 제가 여기에 있는 게 맞는지 잘 모르겠는데요.

COUNSELOR JERRY A ❸ ______________. Mentoring isn't for everyone. ❹ ______________ opt out.
이해해요. 멘토링이 누구에게나 다 맞는 건 아니니까요. 원하시면 언제든지 그만두셔도 됩니다.

JOE Ah! Actually, ❺ ______________, you know, the mentoring ❻ ______________.
아! 사실, 다시 생각해 보니, 멘토링하는 게 재미있을 것도 같네요.

COUNSELOR JERRY A I'm ❼ ______________ hear it. ❽ ______________ ______________. 그렇게 생각하신다니 다행이네요. 여기서부터는 제리가 맡아서 진행할 겁니다.

COUNSELOR JERRY D Thanks, Jerry. ❾ ______________ over there to Jerry. 고마워, 제리. 바로 저기 있는 제리에게 가시면 됩니다.

COUNSELOR JERRY F Thank you, Jerry. 고마워, 제리.

JOE Is ❿ ______________ Jerry? 여기는 모두 이름이 제리인가요?

COUNSELOR JERRY A Good luck! 행운을 빌어요!

B | 다음 빈칸을 채워 문장을 완성해 보세요.

1 나 여기에서 누군가를 만나기로 되어 있어.
______________ meet someone here.

2 난 너를 보호해야 하는 사람이야.
______________ you.

3 이런 건 원래 내가 잘 알고 있어야 하는 건데.
______________ this stuff.

4 난 이것에 대해서 이야기하면 안 돼.
______________ about it.

5 난 너에게 더 이상 전화하면 안 돼.
______________ you anymore.

정답 A

❶ lost mentor for you
❷ I'm supposed to
❸ I understand
❹ You're more than welcome to
❺ on second thought
❻ sounds like fun
❼ glad to
❽ Jerry will take it from here
❾ Head right on
❿ everyone here named

정답 B

1 I'm supposed to
2 I'm supposed to protect
3 I'm supposed to know
4 I'm not supposed to talk
5 I'm not supposed to call

Day 07

22's Mentor Dr. Börgensson

22의 멘토 보겐슨 박사

멘토 오리엔테이션에서는 오랜 인생을 살고 영혼이 된 '멘토'와 아직 '태어나기 전 세상'의 뽀송한 '새 영혼'의 짝 지어주기[matching Mentors with Soul Mates] 프로그램이 진행됩니다. 짝이 되면 멘토는 새 영혼이 그들의 '불꽃(Spark)' 즉 영감을[inspire] 찾을 수[finding] 있게 돕는 역할을 한답니다. 마치 선생님과 학생의 관계처럼요. 카운슬러가 본 T. 보겐슨이라는 멘토를 소개하는데, 하필 조가 테이블에서 집어 든 이름표의 주인공이 보겐슨 박사로 그는 노벨상까지 받은 세계적으로 저명한[world renowned] 아동 심리학자라네요[child psychologist]! 조는 이제 보겐슨 박사 행세를 해야 합니다. 조, 아니 보겐슨 박사의 짝은 22번 영혼인데, 어떤 짝꿍인지 궁금하네요.

Warm Up! 오늘 배울 표현

오늘 등장하는 표현들입니다. 어떤 표현이 들어가야 할지 생각해 보세요.

* ______! 축하해요!
* ______! 내려가시고요!
* Dr. Börgensson is a ______ child psychologist who was recently awarded a Nobel Prize! 보겐슨 박사는 최근에 노벨상을 받으신 세계적으로 저명한 아동 심리학자입니다!
* ______? 지금은 어떤가요?

바로 이 장면!

오디오 파일을 듣고 3번 따라 말해보세요. 07-1.mp3

COUNSELOR JERRY B
카운슬러 제리B
Maria was a rare disease specialist from the University of Mexico.
마리아는 멕시코 대학 소속의 희귀병 전문의였어요.

PATIENT
환자
I'm cured!
다 나았어요!

COUNSELOR JERRY B
카운슬러 제리B
She'll be matched with, one of my favorites, soul number 108 billion, 210 million, 121 thousand, four hundred and 15.
마리아는 제가 가장 좋아하는 1082억 1012만 1415번 영혼과 짝을 이루겠습니다.

COUNSELOR JERRY B
카운슬러 제리B
Congratulations![1] **Off you go!**[2] Our next mentor is Bjorn T. Börgensson!
축하해요! 내려가시고요! 다음 멘토는 본 T. 보겐슨!

COUNSELOR JERRY B
카운슬러 제리B
Dr. Börgensson is a **world renowned** child psychologist who was recently awarded a Nobel Prize![3]
보겐슨 박사는 최근에 노벨상을 받으신 세계적으로 저명한 아동 심리학자입니다!

GRETA
그레타
I see pain, death, destruction!
고통, 죽음, 파멸이 보이네요!

DR. BÖRGENSSON
보겐슨 박사
Hmmm. **How about now?**[4]
흐음음. 지금은 뭐가 보이나요?

GRETA
그레타
A pretty butterfly.
예쁜 나비가 보여요.

COUNSELOR JERRY B
카운슬러 제리B
Dr. Börgensson will be matched with soul number... 22!
보겐슨 박사는 22번 영혼과 짝입니다!

장면 파헤치기

구문 설명과 예문으로 이 장면의 핵심 표현을 완벽히 이해하세요.

❶ Congratulations! 축하해요!

'축하해!'라고 말할 때 Congratulations라고 하는 것은 누구나 다 알지만, 이 단어의 끝에 s가 들어있다는 사실은 모르는 사람이 많더라고요. 정확하게 쓰려면 '콩그래출레이션즈'라고 해야 한다는 것 기억하세요! 뒤에 축하하는 내용을 넣어서 말할 때는 on을 넣어서 연결할 수 있어요.

* **Congratulations** on your wedding! 결혼 축하해!
* **Congratulations** on your graduation! 졸업 축하해!

❷ Off you go! 내려가시고요!

〈Off + 주어 + go〉 형식으로 표현하면 가는/떠나가는 움직임에 생동감이 더해진답니다. 바로 슝~ 하며 떠나가는 느낌이 생기는 것이지요. 예를 들어 그냥 I'm going now.라고 하면 '나는 지금 간다'인데 반해, 같은 상황에서 Off I go.라고 하면 '나 간다, 출발~' 이런 느낌이라고나 할까요.

* **Off we go** on the vacation of a lifetime! 우리 인생 최고의 휴가를 떠난다!
* It's time to leave. **Off I go.** 이제 떠날 시간이야. 나 간다.

❸ Dr. Börgensson is a world-renowned child psychologist who was recently awarded a Nobel Prize! 보겐슨 박사는 최근에 노벨상을 받으신 세계적으로 저명한 아동 심리학자입니다!

world-renowned는 '세계적으로 저명한/유명한'이라는 뜻으로 더 쉽게 표현하면 world-famous라고 할 수도 있는데, 세계적으로 인정/존경받는 또는 명성이 자자한 인물에 대해서 묘사할 때는 주로 world-renowned를 더 많이 쓴답니다.

* Mr. Bean is a **world-renowned** expert on computer viruses.
  미스터 빈은 세계적으로 저명한 컴퓨터 바이러스 전문가이다.
* Julia is a **world-renowned** chef. 줄리아는 세계적으로 유명한 요리사야.

❹ How about now? 지금은 어떤가요?

〈How about + 주어 + 동사〉, 〈How about + 명사구〉는 '~은 어때?'라는 의미의 패턴 표현이에요. 많은 사람이 How about과 헷갈려 하는 것이 what about인데, what about은 how about과 비슷한 의미로 쓰이지만, 상대방이 특정 주제나 대상에 대한 고려/배려 없이 일을 진행하려고 할 때, '~가 어쨌다고? / ~는 어쩌고? / ~는 어떻게 하라고?'와 같은 뉘앙스로 되묻는 상황에서는 how about을 쓰지 않고 what about만 쓴답니다. ★영화 속 패턴 익히기

 오늘 배운 장면에서 뽑은 핵심 패턴으로 다양한 표현을 만들어 보세요.

07-2.mp3

How about ~? ~은 어때?

Step 1 기본 패턴 연습하기

1 **How about** we do it now? 지금 하는 건 어때?

2 **How about** putting it off for a week? 일주일만 연기하는 건 어때?

3 **How about** Chinese? 중국 음식 어때?

4 ____________________ hang out tonight? 오늘 밤에 같이 노는 거 어때?

5 ____________________ you home? 내가 너 집까지 바래다주면 어떨까?

Step 2 패턴 응용하기 | What about ~?

1 **What about** me? 나는 어쩌고?

2 **What about** you? 너에 대해서 뭐?

3 **What about** our future? 그러면 우리의 미래는 어떻게 되는 거야?

4 ____________________ your friends? 네 친구들은 어쩌고?

5 ____________________ rights? 인권은 어떻게 되는 건가요?

Step 3 실생활에 적용하기

A What would you like for dinner?
B 이탈리아 음식 어때?
A Sounds like a plan.

A 저녁으로 뭐 먹고 싶니?
B How about Italian?
A 좋은 생각이야.

정답 Step 1 4 How about we 5 How about I walk Step 2 4 What about 5 What about human

확인학습

문제를 풀며 오늘 배운 표현을 완벽히 내 것으로 만드세요.

A | 영화 속 대화를 완성해 보세요.

COUNSELOR JERRY B Maria was a ❶ ____________ from the University of Mexico. 마리아는 멕시코 대학 소속의 희귀병 전문의였어요.

PATIENT I'm ❷ ____________! 다 나았어요!

COUNSELOR JERRY B She'll be matched with, ❸ ____________, soul number 108 billion, 210 million, 121 thousand, ❹ ____________. 마리아는 제가 가장 좋아하는 1082억 1012만 1415번 영혼과 짝을 이루겠습니다.

COUNSELOR JERRY B ❺ ____________! ❻ ____________! Our next mentor is Bjorn T. Börgensson! 축하해요! 내려가시고요! 다음 멘토는 본 T. 보겐슨!

COUNSELOR JERRY B Dr. Börgensson is a ❼ ____________ child psychologist who was recently awarded a Nobel Prize! 보겐슨 박사는 최근에 노벨상을 받으신 세계적으로 저명한 아동 심리학자입니다!

GRETA I see pain, death, ❽ ____________! 고통, 죽음, 파멸이 보이네요!

DR. BÖRGENSSON Hmmm. ❾ ____________? 흐음음. 지금은 뭐가 보이나요?

GRETA A pretty butterfly. 예쁜 나비가 보여요.

COUNSELOR JERRY B Dr. Börgensson will be ❿ ____________ soul number... 22! 보겐슨 박사는 22번 영혼과 짝입니다!

B | 다음 빈칸을 채워 문장을 완성해 보세요.

1 일주일만 연기하는 건 어때?

____________ it off for a week?

2 오늘 밤에 같이 노는 거 어때?

____________ hang out tonight?

3 내가 너 집까지 바래다주면 어떨까?

____________ you home?

4 네 친구들은 어쩌고?

____________ your friends?

5 인권은 어떻게 되는 건가요?

____________ rights?

정답 A

❶ rare disease specialist
❷ cured
❸ one of my favorites
❹ four hundred and 15
❺ Congratulations
❻ Off you go
❼ world renowned
❽ destruction
❾ How about now
❿ matched with

정답 B

1 How about putting
2 How about we
3 How about I walk
4 What about
5 What about human

Day 08

The World Revolves Around 22

세상은 22를 중심으로 돈다

22번 영혼은 카운슬러들과 멘토들도 두 손 두 발 다 든[surrender completely] 악명 높은 존재랍니다. 지구에 가서 새로운 생명체가 되고 싶어 하는 다른 영혼들과는 달리 22는 매사에 시큰둥하고[apathetic] 냉소적이어서 지구까지 가서 살 가치를 못[it's not worth] 느껴 아주 오랫동안 유 세미나에 머물고 있는 유급 영혼인데요. 그녀를 거친 멘토들은 그 이름도 유명한 테레사 수녀, 코페르니쿠스, 무하마드 알리, 마리 앙투아네트에 이르는 역사에 큰 족적을 남긴[left their marks] 인물들이네요. 그런 멘토들도 포기하게 만들고 심지어 울리기까지 한 22를 보겐스 박사의 이름을 빌린 가짜[fake] 멘토, 조가 감당할 수[deal with] 있을까요?

Warm Up! 오늘 배울 표현

오늘 등장하는 표현들입니다. 어떤 표현이 들어가야 할지 생각해 보세요.

* ______________, Bjorn. 하고 싶은 말 다 해 봐, 본.
* ______________, 22! 세상은 너를 중심으로 돌지 않아, 22!
* ______________ the trouble. 귀찮게 거기까지 가서 살 가치가 없어.
* It's not great but ______________. 거긴 그렇게 좋지는 않지만 뭐 어느 정도 예상 가능하니까.

바로 이 장면!

오디오 파일을 듣고 3번 따라 말해보세요. 08-1.mp3

22
22

Talk all you want, Bjorn.[1] It's not gonna work, anyway. I've had thousands of mentors who failed and now hate me.

하고 싶은 말 다 해 봐, 본. 어차피 소용없을 테니까. 나를 길들이기에 실패해서 지금은 나를 증오하게 된 멘토들이 천 명도 넘거든.

SOUL MOTHER TERESA
테레사 수녀 영혼

I have compassion for every soul. Except you. I don't like you.

난 모든 영혼에 대해 동정심을 느껴. 너만 빼고 말이다. 네가 싫어.

SOUL COPERNICUS
코페르니쿠스 영혼

The world doesn't revolve around YOU, 22![2]

세상은 너를 중심으로 돌지 않아. 22!

SOUL MUHAMMAD ALI
무하마드 알리 영혼

You are the greatest... pain in the BUTT!

네가 세상에서 제일… 짜증나는 존재야!

SOUL MARIE ANTOINETTE
마리 앙투아네트 영혼

Nobody can help you! Nobody!

세상 그 누구도 널 도울 수 없어! 그 누구도!

22
22

Thanks but no thanks, Doc. I already know everything about Earth, and **it's not worth** the trouble.[3]

고맙지만 사양할게, 박사. 난 이미 지구에 대해 다 안다고, 귀찮게 거기까지 가서 살 가치가 없어.

JOE
조

Come on, don't you want to fill out your pass?

그러지 말고, 네 통행증에 있는 빈칸을 채우고 싶지 않니?

22
22

Ehh, you know, I'm comfortable up here. I have my routine. I float in mist, I do my Sudoku puzzles, and then, like, once a week, they make me come to one of these You Seminars. It's not great but **I know what to expect**.[4]

에, 있잖아, 난 여기가 편해. 내 일상이 있다고. 수증기 위에 둥둥 떠서 스도쿠 퍼즐을 즐기고, 그러고 나서, 일주일에 한 번 정도는, 유 세미나에 가야 하는데. 거긴 그렇게 좋지는 않지만 뭐 어느 정도 예상 가능하니까.

장면 파헤치기

구문 설명과 예문으로 이 장면의 핵심 표현을 완벽히 이해하세요.

❶ Talk all you want, Bjorn. 하고 싶은 말 다 해 봐, 본.

'하고 싶은 만큼 다 ~해'라고 할 때 〈동사 + all you want〉 패턴으로 표현해요. 간단한 형식이니만큼 스스로 동사만 바꿔가며 많이 연습해 보세요.

* **Take all you want.** 가져가고 싶은 만큼 가져가라.
* **Eat all you want** and lose weight. 먹고 싶은 만큼 다 먹고 살을 빼라.

❷ The world doesn't revolve around YOU, 22! 세상은 너를 중심으로 돌지 않아, 22!

자신이 굉장히 중요하고 대단한 사람이라서 마치 온 세상이 자신을 중심으로 돌아간다고 생각하는 사람들이 있지요. 그런 사람들에게 정신 좀 차리라고 할 때 쓰는 표현이 바로 이 표현이에요.

* Do you think **the world revolves around you**? 세상이 너를 중심으로 돌아가는 것 같니?
* **The world doesn't revolve around you.** You are not the center of everything.
  세상은 너를 중심으로 돌아가지 않아. 네가 모든 일의 중심이 아니라고.

❸ It's not worth the trouble. 귀찮게 거기까지 가서 살 가치가 없어.

뭔가 가치가 있다고 말할 때는 〈be동사 + worth ~〉 형식으로 표현하고, 반대로 가치가 없다고 말할 때는 가운데 not을 넣어서 〈be동사 + not + worth ~〉 형식으로 표현한답니다.

* **It's not worth** my time. 그 일은 내 시간을 쓸 가치가 없어.
* **It's not worth** the risk. 위험을 감수할 만한 가치가 없어.

❹ It's not great but I know what to expect. 거긴 그렇게 좋지는 않지만 뭐 어느 정도 예상 가능하니까.

'난 무엇을 ~할지 안다'는 의미로 〈I know what to + 동사〉 형식을 쓰는데, 예를 들어, I know what to do라고 하면 '난 무엇을 해야 할지 안다', I know what to expect '난 무엇을 기대해야 할지 안다'와 같은 문장으로 쓸 수 있답니다. 반대로 '난 무엇을 ~할지 모르겠다'고 말하고 싶을 때는 〈I don't know what to + 동사〉 형식으로 표현할 수 있어요.

★ 영화 속 패턴 익히기

영화 속 패턴 익히기

오늘 배운 장면에서 뽑은 핵심 패턴으로 다양한 표현을 만들어 보세요.

08-2.mp3

I know what to + 동사원형 나는 무엇을 ~지 알아.

Step 1 기본 패턴 연습하기

1 **I know what to** do. 난 무엇을 해야 할지 알아.

2 **I know what to** say. 난 무슨 말을 해야 할지 알아.

3 **I know what to** look for and where to find it. 난 무엇을 찾고 어디에서 그것을 찾을지 알아.

4 ______________________. 무엇을 가져와야 하는지 알아.

5 ______________________ my girlfriend for her birthday. 여자친구 생일에 무엇을 줘야 할지 알고 있어.

Step 2 패턴 응용하기 | I don't know what to + 동사원형

1 **I don't know what to** do with my life. 인생을 어떻게 살아야 할지 모르겠어.

2 **I don't know what to** think anymore. 더 이상 어떻게 생각해야 할지 모르겠어.

3 **I don't know what to** eat. 무엇을 먹어야 할지 모르겠어.

4 ______________________ for. 무엇을 요청해야 할지 모르겠어.

5 ______________________ about. 무슨 이야기를 나눠야 할지 모르겠어.

Step 3 실생활에 적용하기

A It's going to be a tough test.
B 이미 예상은 하고 있으니, 걱정 마세요.
A Oh, it sounds like you are well prepared.

A 시험이 많이 힘들 거야.
B I know what to expect, so don't worry.
A 오, 준비를 아주 잘한 것 같구나.

정답 Step 1 4 I know what to bring 5 I know what to give Step 2 4 I don't know what to ask 5 I don't know what to talk

확인학습

문제를 풀며 오늘 배운 표현을 완벽히 내 것으로 만드세요.

A | 영화 속 대화를 완성해 보세요.

22 ❶ ______________, Bjorn. It's not gonna work, anyway. I've ❷ ______________ who failed and now hate me. 하고 싶은 말 다 해 봐, 본. 어차피 소용없을 테니까. 나를 길들이기에 실패해서 지금은 나를 증오하게 된 멘토들이 천 명도 넘거든.

SOUL MOTHER TERESA I have ❸ ______________. Except you. I don't like you.
난 모든 영혼에 대해 동정심을 느껴. 너만 빼고 말이다. 네가 싫어.

SOUL COPERNICUS ❹ ______________, 22!
세상은 너를 중심으로 돌지 않아, 22!

SOUL MUHAMMAD ALI You are the greatest... ❺ ______________!
네가 세상에서 제일… 짜증나는 존재야!

SOUL MARIE ANTOINETTE ❻ ______________! Nobody!
세상 그 누구도 널 도울 수 없어! 그 누구도!

22 Thanks but no thanks, Doc. I already know everything about Earth, and ❼ ______________ the trouble.
고맙지만 사양할게, 박사. 난 이미 지구에 대해 다 안다고, 귀찮게 거기까지 가서 살 가치가 없어.

JOE Come on, don't you want to ❽ ______________?
그러지 말고, 네 통행증에 있는 빈칸을 채우고 싶지 않니?

22 Ehh, you know, I'm comfortable up here. ❾ ______________. I float in mist, I do my Sudoku puzzles, and then, like, once a week, they make me come to one of these You Seminars. It's not great but ❿ ______________. 에, 있잖아, 난 여기가 편해. 내 일상이 있다고. 수증기 위에 둥둥 떠서 스도쿠 퍼즐을 즐기고, 그러고 나서, 일주일에 한 번 정도는, 유 세미나에 가야 하는데, 거긴 그렇게 좋지는 않지만 뭐 어느 정도 예상 가능하니까.

B | 다음 빈칸을 채워 문장을 완성해 보세요.

1 난 무슨 말을 해야 할지 알아.
______________ say.

2 무엇을 가져와야 하는지 알아.
______________.

3 여자친구 생일에 무엇을 줘야 할지 알고 있어.
______________ my girlfriend for her birthday.

4 무엇을 요청해야 할지 모르겠어.
______________ for.

5 무슨 이야기를 나눠야 할지 모르겠어.
______________ about.

정답 A

❶ Talk all you want
❷ had thousands of mentors
❸ compassion for every soul
❹ The world doesn't revolve around YOU
❺ pain in the BUTT
❻ Nobody can help you
❼ it's not worth
❽ fill out your pass
❾ I have my routine
❿ I know what to expect

정답 B

1 I know what to
2 I know what to bring
3 I know what to give
4 I don't know what to ask
5 I don't know what to talk

Day 09

The Deal Between Joe and 22

조와 22 사이의 거래

진짜 멘토 보겐슨의 전당은 저명한[well-known] 심리학자 명성답게 화려한 업적과[greatest successes] 유물들로 가득합니다. 물론 이것들도 22에게는 아무 감흥을 못 주지만요. 조가 자기는 멘토가 아니라고 고백하자 22가 조의 인생을 스캔합니다. 그러자 진짜 조의 인생으로 바뀌는데, 보겐슨 박사에 비해 너무나도 초라해[humble] 보이네요. 중학교에서 아이들을 가르치고, 식당에 혼자 앉아있고, 빨래방[laundromat]에서 쓸쓸히 자기 옷을 빠는 모습 등. 그럼에도 다시 지구로 돌아가고픈 조와, 죽어도 지구에 가기 싫은 22는 일종의 거래[deal]를 합니다. 조는 22가 불꽃을 찾게끔 도와 지구 통행증[an Earth Pass]으로 완성하고, 그 통행증을 조가 갖는 거래죠. 과연 성공할까요?

Warm Up! 오늘 배울 표현

오늘 등장하는 표현들입니다. 어떤 표현이 들어가야 할지 생각해 보세요.

* Unless it becomes an Earth Pass, I'm _____ it.
  이게 지구 통행증이 되지 않는 한, 난 이것을 벗어날 수 없어.
* Well, _____ I help you turn that into an Earth Pass?
  흠, 그러면 내가 너를 도와서 그것이 지구 통행증이 되도록 하면 어떨까?
* I've _____ that! 그 생각은 한 번도 못해 봤네!
* I _____ Sparks, because mine is piano!
  불꽃에 대해서는 내가 아주 잘 안다고, 왜냐하면 내 불꽃은 피아노니까!

바로 이 장면!

오디오 파일을 듣고 3번 따라 말해보세요.

09-1.mp3

JOE 조

My life was meaningless.
내 인생은 무의미했어.

JOE 조

No, no, no! I will not accept this! Kid, give me that badge. I'm going back to my body.
아니, 아니, 아니! 이건 받아들일 수 없어! 꼬마야, 그 배지 나에게 줘. 난 내 몸으로 돌아가야겠어.

22 22

Oh yeah. Sure. Here.
오 좋아. 물론이지. 여기.

22 22

Unless it becomes an Earth Pass, I'm **stuck with** it.[1]
이게 지구 통행증이 되지 않는 한, 난 이것을 벗어날 수 없어.

JOE 조

Well, **what if** I help you turn that into an Earth Pass?[2] Will you give it to me then?
흠, 그러면 내가 너를 도와서 그것이 지구 통행증이 되도록 하면 어떨까? 그러면 그걸 나에게 줄래?

22 22

Wait! I've **never thought of** that![3] I'd get to skip life. So yes! But we've gotta get this thing to change first, and I've never been able to get it to change.
잠깐! 그 생각은 한 번도 못해 봤네! 내가 인생을 거를 수가 있게 되는 거잖아. 그러면 줘야지! 하지만 우선 이걸 변화시켜야 해. 난 한 번도 이걸 변화시켜 본 적이 없어.

JOE 조

Come on! I **know all about** Sparks, because mine is piano![4]
이봐! 불꽃에 대해서는 내가 아주 잘 안다고, 왜냐하면 내 불꽃은 피아노니까!

장면 파헤치기

구문 설명과 예문으로 이 장면의 핵심 표현을 완벽히 이해하세요.

❶ Unless it becomes an Earth Pass, I'm stuck with it.

이게 지구 통행증이 되지 않는 한, 난 이것을 벗어날 수 없어.

stuck은 '(불쾌한 상황이나 장소에) 갇힌, 빠져나갈 수가 없는'이라는 의미의 형용사예요. stuck을 가운데 넣어서 〈be/get + stuck with〉 형식으로 쓰면 '(원치 않는 사람과) 붙어있어야만 하는 상황인/~에게서 벗어날 수 없는 상황인'이라는 의미가 되지요.

* I can't believe I'm **stuck with** her all week. 한 주 내내 그녀와 붙어있어야 한다니 믿기지가 않아.
* You are **stuck with** me forever. 넌 영원히 나에게서 벗어날 수 없어.

❷ Well, what if I help you turn that into an Earth Pass?

흠, 그러면 내가 너를 도와서 그것이 지구 통행증이 되도록 하면 어떨까?

what if는 '~면 어쩌지? ~라면 어떻게 될까?'와 같은 의미로 만약의 상황을 가정하는 질문을 던질 때 쓰는 표현이에요. 이미 지나간 과거에 대해 이야기하면서 이 표현을 쓰면 '만약 과거에 이렇게 했더라면 현재 어떻게 되었을까'라는 의미가 되지요.

* **What if** he doesn't like me? 그가 나를 좋아하지 않는다면 어떻게 하죠?
* **What if** we are wrong? 우리가 틀린 거면 어떻게 하지?

❸ I've never thought of that! 그 생각은 한 번도 못해 봤네!

I've never thought of ~는 '~라는/~에 대한 생각은 한 번도 못해 봤다' 또는 '~라고 생각해 본 적은 단 한 번도 없다'라는 의미로 쓰는 패턴 표현이에요. thought 대신에 다른 과거분사를 넣어서 〈I've never + 과거분사〉 형식으로 말하는 패턴도 함께 연습할게요.

★영화 속 패턴 익히기

❹ I know all about Sparks, because mine is piano!

불꽃에 대해서는 내가 아주 잘 안다고, 왜냐하면 내 불꽃은 피아노니까!

I know all about ~은 '~에 대해서 아주 잘 안다'는 뜻이에요. 같은 상황에서 I know everything about ~ 패턴을 쓸 수도 있답니다.

* I **know all about** your tricks. 네 눈속임은 내가 아주 잘 안다고.
* I **know all about** men like you. 너 같은 남자들에 대해서는 내가 아주 잘 알지.

 오늘 배운 장면에서 뽑은 핵심 패턴으로 다양한 표현을 만들어 보세요.

09-2.mp3

I've never thought of ~ ~생각은 한 번도 못해 봤다.

Step 1 기본 패턴 연습하기

1 **I've never thought of** it that way. 그런 식으로는 생각해 본 적이 없어.

2 **I've never thought of** that before. 그건 전에 한 번도 생각해 본 적이 없네.

3 **I've never thought of** studying abroad. 유학 간다는 생각은 한 번도 해 본 적이 없어.

4 ______________________ an obstacle. 그걸 장애물이라고 생각해 본 적은 단 한 번도 없어.

5 ______________________ Seoul. 서울을 떠난다는 생각은 한 번도 해 본 적이 없어.

Step 2 패턴 응용하기 | I've never + 과거분사

1 **I've never seen** such a beautiful sight. 이렇게까지 아름다운 광경은 한 번도 본 적이 없어.

2 **I've never done** anything like this. 이런 것을 해 본 적은 단 한 번도 없어.

3 **I've never been** to Spain. 스페인에는 한 번도 못 가 봤어.

4 ______________________ a boyfriend. 난 한 번도 남자친구를 사귄 적이 없어.

5 ______________________ of it. 그런 얘기는 들어본 적이 없네.

Step 3 실생활에 적용하기

A We are counting on you to lead courageously.

B 난 한 번도 나 자신이 리더라고 생각해 본 적이 없어요.

A You are our one and only leader.

A 당신이 용감하게 우리를 이끌어 줄 것이라 믿고 있어요.

B I've never thought of myself as a leader.

A 당신이 우리의 유일한 리더예요.

정답 Step 1 4 I've never thought of it as 5 I've never thought of leaving Step 2 4 I've never had 5 I've never heard

확인학습

문제를 풀며 오늘 배운 표현을 완벽히 내 것으로 만드세요.

A | 영화 속 대화를 완성해 보세요.

JOE My life was ❶ ____________. 내 인생은 무의미했어.

JOE No, no, no! I will ❷ ____________! Kid, give me that badge. I'm going ❸ ____________. 아니, 아니, 아니! 이건 받아들일 수 없어! 꼬마야, 그 배지 나에게 줘. 난 내 몸으로 돌아가야겠어.

22 Oh yeah. Sure. Here. 오 좋아. 물론이지. 여기.

22 ❹ ____________ an Earth Pass, I'm ❺ ____________ it. 이게 지구 통행증이 되지 않는 한, 난 이것을 벗어날 수 없어.

JOE Well, ❻ ____________ I help you turn that into an Earth Pass? Will you give it to me then? 흠, 그러면 내가 너를 도와서 그것이 지구 통행증이 되도록 하면 어떨까? 그러면 그걸 나에게 줄래?

22 Wait! I've ❼ ____________ that! I'd ❽ ____________. So yes! But we've gotta get this thing to change first, and I've never ❾ ____________ get it to change. 잠깐! 그 생각은 한 번도 못해 봤네! 내가 인생을 거를 수가 있게 되는 거잖아. 그러면 줘야지! 하지만 우선 이걸 변화시켜야 해, 난 한 번도 이걸 변화시켜 본 적이 없어.

JOE Come on! I ❿ ____________ Sparks, because mine is piano! 이봐! 불꽃에 대해서는 내가 아주 잘 안다고, 왜냐하면 내 불꽃은 피아노니까!

정답 A

❶ meaningless
❷ not accept this
❸ back to my body
❹ Unless it becomes
❺ stuck with
❻ what if
❼ never thought of
❽ get to skip life
❾ been able to
❿ know all about

B | 다음 빈칸을 채워 문장을 완성해 보세요.

1 유학 간다는 생각은 한 번도 해 본 적이 없어.
____________ studying abroad.

2 그걸 장애물이라고 생각해 본 적은 단 한 번도 없어.
____________ an obstacle.

3 서울을 떠난다는 생각은 한 번도 해 본 적이 없어.
____________ Seoul.

4 난 한 번도 남자친구를 사귄 적이 없어.
____________ a boyfriend.

5 그런 얘기는 들어본 적이 없네.
____________ of it.

정답 B

1 I've never thought of
2 I've never thought of it as
3 I've never thought of leaving
4 I've never had
5 I've never heard

Day 10

Boring Earth

따분한 지구

22는 조와 함께 지구 통행증의 마지막 칸에 들어갈 자신의 불꽃을 찾으러 나섭니다. 그들이 간 곳은 '관심의 전당(Hall of Interests)'으로 소방관[fire fighter], 예술가, 사서[librarian] 등 다양한 직업 체험을 할 수 있는 공간입니다. 하지만 22는 이것도 싫다, 저것도 싫다며 모든 관심거리에 감흥을 느끼지 못하네요[not inspired at all]. 22가 불꽃을 찾지 못하자 초초해진[be irritated] 조는 그녀를 다그치지만 22는 그저 느긋할 뿐입니다. 시간이 다 됐다며[Time's up] 카운슬러가 조를 머나먼 저세상으로 안내하는데, 이대로 조는 지구로의 복귀에 실패하는 걸까요?

Warm Up! 오늘 배울 표현

오늘 등장하는 표현들입니다. 어떤 표현이 들어가야 할지 생각해 보세요.

* ____________________, it's a liar. 다른 건 몰라도 난 거짓말은 안 해.
* ______________, Joe? 조, 어쩌겠어?
* We're ________________! 시간이 얼마 없어!
* 22 ______________ a challenge. 22는 좀 쉬운 애가 아니라서요.

바로 이 장면!

오디오 파일을 듣고 3번 따라 말해보세요. 10-1.mp3

JOE
조

You told me you'd try!
너도 애써 보겠다고 했잖아!

22
22

I did! I'm telling the truth. **If there's one thing I'm not, it's a liar.**[1] Unlike Abraham Lincoln...
애쓴 거라고! 진짜야. 다른 건 몰라도 난 거짓말은 안 해. 에이브러햄 링컨과는 다르게 말이지…

22
22

You're really okay being on a penny?
겨우 1센트짜리 동전에 얼굴이 나와도 정말 괜찮으세요?

SOUL ABRAHAM LINCOLN
에이브러햄 링컨 영혼

Of course! It's an honor.
물론이지! 영광스러운 일이야.

22
22

Okay, but... they put Andrew Jackson on the twenty.
네, 하지만… 앤드류 잭슨은 20달러 지폐에 얼굴이 나온다고요.

SOUL ABRAHAM LINCOLN
에이브러햄 링컨 영혼

Jackson?!
잭슨?!

22
22

What can I say, Joe?[2] Earth is boring.
조, 어쩌겠어? 지구는 따분한 걸.

JOE
조

Well, what else can we do then? Because we're **running out of time**![3]
그러면 이제 뭘 어떻게 해야 하는 거냐? 남은 시간이 얼마 없어!

22
22

You know, time's really not a thing here.
있지 말야, 여기서는 시간이 별 의미가 없어.

COUNSELOR JERRY B
카운슬러 제리B

Time's up!
시간 다 됐다!

COUNSELOR JERRY B
카운슬러 제리B

Nice try, Bjorn. But no need to feel bad. 22 **can be a bit of a challenge.**[4]
애쓰셨네요, 뵨. 하지만 실망할 필요는 없어요. 22는 좀 쉬운 애가 아니라서요.

장면 파헤치기

구문 설명과 예문으로 이 장면의 핵심 표현을 완벽히 이해하세요.

❶ If there's one thing I'm not, it's a liar. 다른 건 몰라도 난 거짓말은 안 해.

〈If there's one thing + 주어 + 동사〉는 '(다른 건 몰라도) ~한 것 한 가지가 있다면/한 가지를 꼽자면'이라는 의미로 쓸 수 있는 패턴이에요. 예를 들어, If there's one thing I'm good at, it's counting. '(다른 건 몰라도) 내가 잘하는 게 한 가지 있다면, 그건 계산하는 거다', If there's one thing you're not, it's dumb. '다른 건 몰라도 네가 아닌 게 있다면, 그건 멍청한 거다 (네가 다른 건 몰라도 절대 멍청하지는 않다)' 이런 식으로 쓸 수 있어요.

★ 영화 속 패턴 익히기

❷ What can I say, Joe? 조, 어쩌겠어?

What can I say?는 더 이상 어떤 설명 또는 변명/이유 등을 말하기가 힘들거나, 상황에 대해서 더 명확하게 표현하기가 힘들다는 것을 강조할 때 쓰는 표현이에요. 우리말로는 '내가 뭐라고 할 수 있겠어요?' '뭐 어쩌겠어요?'와 같이 해석하면 자연스럽지요.

* **What can I say?** It's complicated. 뭐 어쩌겠어요? 이게 복잡한 문제인걸요.
* **What can I say?** I am what I am. 뭐 어쩌겠어요? 난 나인걸요.

❸ We're running out of time! 시간이 얼마 없어!

run out of는 '~을 다 써 버리다/~이 (고갈되어) 없어지다'라는 의미의 숙어예요. 어떤 유형/무형의 자원이 동이 나거나 바닥이 나서 더 이상 사용할 양이 충분히 남지 않았을 때 쓰는 표현이지요.

* We're **running out of gas**. 차에 휘발유가 얼마 없어.
* I'm **running out of patience**. 내 인내심이 바닥을 드러내고 있다.

❹ 22 can be a bit of a challenge. 22는 좀 쉬운 애가 아니라서요.

a bit은 a little의 구어체 표현으로 '조금, 다소, 약간'이라는 의미예요. a bit을 중간에 넣어 can be a bit of라고 하면 '다소/좀 ~일 수도 있다'라는 뜻이 된답니다.

* Language **can be a bit of** a problem. 언어가 조금 문제가 될 수도 있어요.
* That **can be a bit of** a hassle. 좀 번거로운 일이 될 수도 있을 것 같아요.

영화 속 패턴 익히기

오늘 배운 장면에서 뽑은 핵심 패턴으로 다양한 표현을 만들어 보세요.

10-2.mp3

If there's one thing I'm not, ~

다른 건 몰라도 난 절대 ~는 아니다.

Step 1 기본 패턴 연습하기

1 **If there's one thing I'm not**, it's dogmatic. 다른 건 몰라도 난 절대 독단적이지는 않아요.

2 **If there's one thing I'm not**, it's erratic. 다른 건 몰라도 난 변덕스럽지는 않아.

3 **If there's one thing I'm not**, it's a snob. 다른 건 몰라도 내가 잘난 척하는 사람은 아니에요.

4 ______________________, it's self-conscious. 다른 건 몰라도 난 남을 의식하고 그러지는 않아.

5 ______________________, it's cold. 다른 건 몰라도 난 냉정하지는 않아요.

Step 2 패턴 응용하기 | If there's one thing I + 동사, ~

1 **If there's one thing I'm good at**, it's running away. 내가 잘하는 게 한 가지 있다면 그건 도망치는 거지.

2 **If there's one thing I know** for sure, it's that nothing is ever sure.
내가 확실히 아는 것이 있다면 그건 세상에 확실한 것은 하나도 없다는 거야.

3 **If there's one thing I've learned** about life, it's that nothing ever goes as planned.
내가 인생을 살면서 배운 것이 하나 있다면, 그건 세상 그 무엇도 계획대로 되지는 않는다는 거야.

4 ______________________, it's losing. 내가 싫어하는 게 하나 있다면 그건 지는 거야.

5 ______________________, it's a quiet life. 내가 좋아하는 게 하나 있다면 그건 조용하게 사는 거야.

Step 3 실생활에 적용하기

A You are such a hypocrite.	A 넌 위선자야.
B 다른 건 몰라도 난 결코 위선자는 아니야.	B If there's one thing I'm not, it's a hypocrite.
A Yes, you are.	A 맞아. 넌 위선자야.

정답 Step 1 4 If there's one thing I'm not 5 If there's one thing I'm not Step 2 4 If there's one thing I hate 5 If there's one thing I like

확인학습

문제를 풀며 오늘 배운 표현을 완벽히 내 것으로 만드세요.

A | 영화 속 대화를 완성해 보세요.

JOE You told me ❶ ______________! 너도 애써 보겠다고 했잖아!

22 I did! I'm telling the truth. ❷ ______________ ______________, it's a liar. Unlike Abraham Lincoln...
애쓴 거라고! 진짜야. 다른 건 몰라도 난 거짓말은 안 해. 에이브러햄 링컨과는 다르게 말이지…

22 You're really okay ❸ ______________?
겨우 1센트짜리 동전에 얼굴이 나와도 정말 괜찮으세요?

SOUL ABRAHAM LINCOLN Of course! ❹ ______________.
물론이지! 영광스러운 일이야.

22 Okay, but... they put Andrew Jackson on the twenty.
네, 하지만… 앤드류 잭슨은 20달러 지폐에 얼굴이 나온다고요.

SOUL ABRAHAM LINCOLN Jackson?! 잭슨?!

22 ❺ ______________, Joe? Earth ❻ ______________.
조, 어쩌겠어? 지구는 따분한 걸.

JOE Well, what else can we do then? Because we're ❼ ______________ ______________!
그러면 이제 뭘 어떻게 해야 하는 거냐? 남은 시간이 얼마 없어!

22 You know, ❽ ______________ a thing here.
있지 말야, 여기서는 시간이 별 의미가 없어.

COUNSELOR JERRY B ❾ ______________! 시간 다 됐다!

COUNSELOR JERRY B Nice try, Bjorn. But no need to feel bad. 22 ❿ ______________ a challenge.
애쓰셨네요, 뵨. 하지만 실망할 필요는 없어요. 22는 좀 쉬운 애가 아니라서요.

B | 다음 빈칸을 채워 문장을 완성해 보세요.

1 다른 건 몰라도 난 절대 독단적이지는 않아요.
______________, it's dogmatic.

2 다른 건 몰라도 난 남을 의식하고 그러지는 않아.
______________, it's self-conscious.

3 내가 인생을 살면서 배운 것이 하나 있다면, 그건 세상 그 무엇도 계획대로 되지는 않는다는 거야.
______________ life, it's that nothing ever goes as planned.

4 내가 싫어하는 게 하나 있다면 그건 지는 거야.
______________, it's losing.

5 내가 좋아하는 게 하나 있다면 그건 조용하게 사는 거야.
______________, it's a quiet life.

정답 A

❶ you'd try
❷ If there's one thing I'm not
❸ being on a penny
❹ It's an honor
❺ What can I say
❻ is boring
❼ running out of time
❽ time's really not
❾ Time's up
❿ can be a bit of

정답 B

1 If there's one thing I'm not
2 If there's one thing I'm not
3 If there's one thing I've learned about
4 If there's one thing I hate
5 If there's one thing I like

Day 11

In the Zone

무아지경

22는 지구가 너무 뻔하고[obvious] 시시할 것으로 생각해서 거기에 내려가고 싶은 생각이 전혀 없었는데, 조를 만나고 생각이 조금씩 바뀌기 시작해요. 이 사람의 인생은 아무리 봐도 한심하고 재미있는 구석이라고는 눈 씻고 찾아봐도 단 한 군데 없는데[none at all], 그럼에도 불구하고 지구로 돌아가려고 저렇게 필사적으로[desperately] 애쓰는[trying his best] 이유가 무척 궁금했나 봅니다. 22가 조를 데려간 곳은 아스트랄계, 뭔가 몰두하고 흠뻑 빠져들면[really into something] 마치 다른 세상에 온 느낌이 드는데, 여기가 바로 그 무아지경 세상이랍니다. 22는 그들을 도와줄 누군가를 찾고 있네요.

Warm Up! 오늘 배울 표현

오늘 등장하는 표현들입니다. 어떤 표현이 들어가야 할지 생각해 보세요.

* I have been here for ________. 내가 여기에 진짜, 진짜 오래 있었거든.
* And then you ________. 그런데 당신이 나타난 거지.
* ________ you're in another place? 다른 세상에 와 있는 것 같은 느낌을 받지?
* Feels like you're ________, right? 무아지경에 빠진 것 같은 그런 느낌, 그렇지?

바로 이 장면!

오디오 파일을 듣고 3번 따라 말해보세요. 11-1.mp3

22
22

Joe. I have been here for **who knows how long**,[1] and I've never seen anything that's made me want to live. And then you **come along**.[2] Your life is sad and pathetic. And you're working so hard to get back to it. Why? I mean, this I gotta see!

조. 내가 여기에 진짜, 진짜 오래 있었거든. 그런데 지금까지 나를 살고 싶은 마음이 들게 만드는 건 본 적이 없어. 그런데 당신이 나타난 거지. 당신 인생은 슬프고 한심해. 그런데 그 인생으로 돌아가려고 엄청 애쓴다 말이지. 왜 그런 거지? 그래서, 이것만큼은 내가 봐야겠다는 거지!

JOE
조

Okay, let's go.

좋아, 가자.

JOE
조

What IS this place?

여긴 대체 뭐지?

22
22

You know how when you humans are really into something and **it feels like** you're in another place?[3] Feels like you're **in the zone**, right?[4]

인간들이 뭔가에 흠뻑 빠져들면 마치 다른 세상에 와 있는 것 같은 느낌을 받지? 무아지경에 빠진 것 같은 그런 느낌, 그렇지?

JOE
조

Yeah.

맞아.

22
22

Well, THIS is the zone! It's the space between the physical and spiritual.

여기가 바로 그 무아지경이야! 물리적인 것과 영적인 것 사이의 공간이라고.

JOE
조

Wait a minute! I was here! Today during my audition! This must be where musicians come when they get into a flow.

잠시만! 나 여기에 있었어! 오늘 오디션 할 때! 여기가 뮤지션들이 무아지경에 빠지게 될 때 오는 곳인가 보구나.

22
22

Not just musicians. Watch this.

뮤지션들만 그런 게 아니야. 이걸 봐.

장면 파헤치기

구문 설명과 예문으로 이 장면의 핵심 표현을 완벽히 이해하세요.

❶ I have been here for **who knows how long.** 내가 여기에 진짜, 진짜 오래 있었거든.

who knows how long을 직역하면 '얼마나 길지 누가 알아'인데 이 표현이 문장에서 쓰일 때는 뭔가가 정말 오래되었다는 것을 강조하는 역할을 한답니다. 그래서, 문장의 해석은 주로 '정말 오랫동안 ~했다'라고 해요.

* He's been out there for **who knows how long**. 그는 저 밖에 정말 오랫동안 있었다.
* I haven't had a job for **who knows how long**. 난 정말 오랫동안 직장 없이 살았어.

❷ And then you **come along.** 그런데 당신이 나타난 거지.

come along은 '도착하다, 어딘가에 나타나다, 갑자기 존재하게/생기게 되다'라는 의미로 쓰이는 숙어인데, 위의 상황에서처럼 누군가가 갑자기 나의 인생에 나타나서 나의 인생에 변화가 생기게 된 상황을 극적으로 묘사할 때 주로 쓰인답니다.

* When she **came along**, I finally realized my purpose in life.
  그녀가 내 인생에 나타났을 때, 마침내 난 내 삶의 목적을 알게 되었지.
* I decided to live my life alone. And then he **came along**.
  난 혼자 살기로 결심했어. 그리고 그때 그가 나타난 거야.

❸ **It feels like** you're in another place? 다른 세상에 와 있는 것 같은 느낌을 받지?

It feels like ~는 '~한/인 것 같은 느낌/기분이다'는 뜻으로 쓸 수 있는 패턴 표현이에요. 어떤 상황에 대한 자신의 느낌/기분을 묘사할 때 쓰는데, 문맥에 따라서는 I feel like로 대체해서 쓸 수 있는 경우도 있답니다.

★ 영화 속 패턴 익히기

❹ Feels like you're **in the zone**, right? 무아지경에 빠진 것 같은 그런 느낌, 그렇지?

zone은 '(특정한 특징이나 용도가 있는) 지역/구역'을 뜻하는데, 구어체에서 이 특정 구역 안에 들어왔다고 하며 in the zone이라고 표현하면 그것은 '무아지경에 빠진'이란 뜻이랍니다. 같은 상황에서 in the zone 대신에 in the flow를 쓰기도 해요.

* They are totally **in the zone**. 그들은 완전히 무아지경에 빠졌다.
* I've never been **in the zone**. 난 한 번도 무아지경을 경험해 본 적이 없어.

영화 속 패턴 익히기

오늘 배운 장면에서 뽑은 핵심 패턴으로 다양한 표현을 만들어 보세요.

11-2.mp3

It feels like ~ 　~한/인 것 같은 느낌/기분이다.

Step 1 기본 패턴 연습하기

1 **It feels like** Christmas. 느낌이 꼭 크리스마스 같네.

2 **It feels like** home to me. 집에 와 있는 것 같은 느낌이야.

3 **It feels like** I'm in the 80s. 80년대로 되돌아온 것만 같은 느낌이야.

4 ________________ world is against us. 온 세상이 우리에게 대항하고 있는 것만 같아.

5 ________________ really matters anymore. 이제 더 이상 아무것도 상관없는 것만 같은 느낌이야.

Step 2 패턴 응용하기 | I feel like ~

1 **I feel like** I'm flying. 날아갈 것 같은 기분이야.

2 **I feel like** I'm 17 again. 다시 17살이 된 것만 같은 기분이야.

3 **I feel like** drinking cool orange juice. 시원한 오렌지 주스가 당기네.

4 ________________ is possible. 모든 것이 다 가능할 것만 같은 기분이야.

5 ________________ all the time. 항상 자고 싶은 기분이야.

Step 3 실생활에 적용하기

A Are we ready to go?
B 뭔가가 빠진 것 같은데.
A Ah, you forgot to wear your mask.

A 이제 갈 준비 됐니?
B It feels like something is missing.
A 아, 너 마스크 쓰는 것을 깜박했네.

정답 Step 1 4 It feels like the whole 5 It feels like nothing Step 2 4 I feel like everything 5 I feel like sleeping

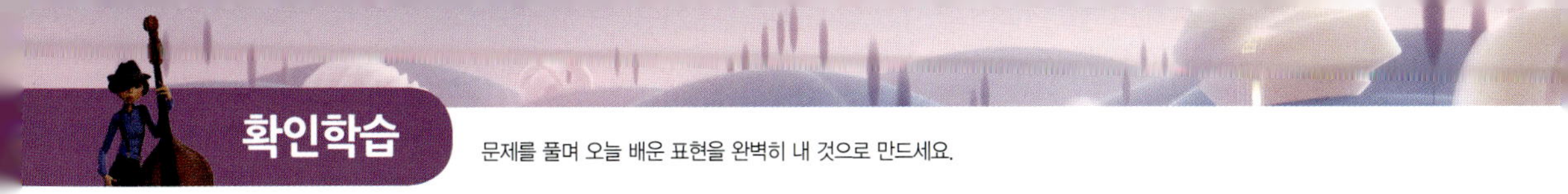

확인학습

문제를 풀며 오늘 배운 표현을 완벽히 내 것으로 만드세요.

A | 영화 속 대화를 완성해 보세요.

22 Joe. I have been here for ❶ ______________, and I've ❷ ______________ that's made me want to live. And then you ❸ ______________. Your life is ❹ ______________. And you're working so hard to ❺ ______________. Why? I mean, this I gotta see!
조. 내가 여기에 진짜, 진짜 오래 있었거든. 그런데 지금까지 나를 살고 싶은 마음이 들게 만드는 건 본 적이 없어. 그런데 당신이 나타난 거지. 당신 인생은 슬프고 한심해. 그런데 그 인생으로 돌아가려고 엄청 애쓴다 말이지. 왜 그런 거지? 그래서, 이것만큼은 내가 봐야겠다는 거지!

JOE Okay, let's go. 좋아, 가자.

JOE What IS this place? 여긴 대체 뭐지?

22 You know ❻ ______________ are really into something and ❼ ______________ you're in another place? Feels like you're ❽ ______________, right?
인간들이 뭔가에 흠뻑 빠져들면 마치 다른 세상에 와 있는 것 같은 느낌을 받지? 무아지경에 빠진 것 같은 그런 느낌, 그렇지?

JOE Yeah. 맞아.

22 Well, THIS is the zone! It's the space ❾ ______________. 여기가 바로 그 무아지경이야! 물리적인 것과 영적인 것 사이의 공간이라고.

JOE Wait a minute! I was here! Today ❿ ______________! This must be where musicians come when they get into a flow. 잠시만! 나 여기에 있었어! 오늘 오디션 할 때! 여기가 뮤지션들이 무아지경에 빠지게 될 때 오는 곳인가 보구나.

22 Not just musicians. Watch this. 뮤지션들만 그런 게 아니야. 이걸 봐.

B | 다음 빈칸을 채워 문장을 완성해 보세요.

1 80년대로 되돌아온 것만 같은 느낌이야.
______________ I'm in the 80s.

2 온 세상이 우리에게 대항하고 있는 것만 같아.
______________ world is against us.

3 이제 더 이상 아무것도 상관없는 것만 같은 느낌이야.
______________ really matters anymore.

4 모든 것이 다 가능할 것만 같은 기분이야.
______________ is possible.

5 항상 자고 싶은 기분이야.
______________ all the time.

정답 A

❶ who knows how long
❷ never seen anything
❸ come along
❹ sad and pathetic
❺ get back to it
❻ how when you humans
❼ it feels like
❽ in the zone
❾ between the physical and spiritual
❿ during my audition

정답 B

1 It feels like
2 It feels like the whole
3 It feels like nothing
4 I feel like everything
5 I feel like sleeping

Day 12

Moonwind and His Mystic Crew

문윈드와 신비주의 팀

22가 찾던 이는 '문윈드'와 그의 동료들. 문윈드는 장발의[a long-haired] 괴짜 선장[eccentric captain]으로 지구의 '길 잃은 영혼'들이 길을 찾을 수 있게[find their way] 돕는 일을 한답니다. 길 잃은 영혼들은 지구에서 살아가는 사람들 중 불안과 집착을 떨쳐버리지 못해[can't let go of their anxieties and obsessions] 그들 삶의 길을 잃은 이들을 말하는데 대체로 일중독[workaholic]에 빠진 직장인들이 많나 봅니다. 문윈드와 그의 동료들은 그 영혼을 위해 특별한 의식[ceremony]을 치르고 그가 진정한 삶을 살 수 있도록 돕죠. 이에 조는 지구로 돌아갈 수 있다는 희망에 가득 차지만, 지금 그의 몸은 지구가 아닌 '머나먼 저세상'에 있다는 사실. 문윈드는 조를 무사히 지구로 돌아가게 해 줄 수 있을까요?

Warm Up! 오늘 배울 표현

오늘 등장하는 표현들입니다. 어떤 표현이 들어가야 할지 생각해 보세요.

* ______________! 바로 그게 우리 일이지!
* I'm Moonwind Stardancer ______________. 난 최선을 다해 도울 문윈드 스타댄서라고 하네.
* These ______________ are going to help me get back? 이 이상한 애들이 내가 지구로 돌아가도록 도울 거라고?
* Some people just can't ______________ their own anxieties and obsessions. 어떤 사람들은 그들의 불안과 집착을 떨쳐버리지 못하지.

바로 이 장면!

오디오 파일을 듣고 3번 따라 말해보세요. 12-1.mp3

22
22

Hey, got a request for ya.
이봐, 부탁할 게 좀 있어.

JOE
조

Uh yeah. I'm trying to get back to my body. Can you help me?
어 그래. 내가 내 몸으로 돌아가려고 하는데. 도와줄 수 있니?

MOONWIND
문윈드

That's what we do![1] We are the Mystics Without Borders, devoted to helping the Lost Souls of Earth find their way! I'm Moonwind Stardancer **at your service.**[2]
바로 그게 우리 일이지! 우리는 국경 없는 신비주의자들이거든. 지구의 길 잃은 영혼들이 길을 찾을 수 있게 돕는 일에 헌신하고 있지. 난 최선을 다해 도울 문윈드 스타댄서라고 하네.

MOONWIND
문윈드

That's Windstar Dreamermoon, Dancerstar Windmoon, and that's Dreamerwind Dreamerdreamer.
얘네들은 윈드스타 드리머문, 댄서스타 윈드문, 그리고 저쪽은 드리머윈드 드리머드리머야.

JOE
조

These **weirdoes** are going to help me get back?[3]
이 이상한 애들이 내가 지구로 돌아가도록 도울 거라고?

22
22

Just wait.
그냥 좀 기다려봐.

DANCERSTAR
댄서스타

Let's get this lost soul back home.
이 길 잃은 영혼을 집으로 돌려보내 주자.

MOONWIND
문윈드

Poor fellow. Some people just can't **let go of** their own anxieties and obsessions,[4] leaving them lost and disconnected from life. And this is the result. Looks like another Hedge Fund Manager.
가엾은 친구. 어떤 사람들은 그들의 불안과 집착을 떨쳐버리지 못해서 삶으로부터 길을 잃고 끊어진 상태가 되지. 그리고 이게 그 결과야. 또 헤지 펀드 매니저로구먼.

HEDGE FUND MANAGER
헤지 펀드 매니저

Make a trade... Make a trade...
거래해... 거래해...

장면 파헤치기 구문 설명과 예문으로 이 장면의 핵심 표현을 완벽히 이해하세요.

❶ That's what we do! 바로 그게 우리 일이지!

That's what we ~ 패턴을 써서 '그것이 (바로) 우리가 ~한 것이다'라는 의미로 표현할 수 있어요. That's 뒤에 부정어 not을 넣어서 That's not what we ~ 패턴으로 '그것은 우리가 ~한 것이 아니다'라고 쓰는 것과 we를 다른 인칭대명사로 바꿔가며 활용하는 것도 함께 연습할게요.

★ 영화 속 패턴 익히기

❷ I'm Moonwind Stardancer at your service. 난 최선을 다해 도울 문윈드 스타댄서라고 하네.

at your service는 '당신이 필요로 하는 일이 무엇이든지 그것을 기꺼이 도와드릴 수 있는'이라는 의미로 쓰는 관용 표현이에요. 문맥에 따라서는 your를 다른 인칭대명사로 바꿔서 쓸 수도 있어요.

* I'm **at your service**, day or night. 밤이나 낮이나 최선을 다해 돕겠습니다.
* We are always **at your service** by phone or by email. 전화하셔도 되고 이메일을 하셔도 되고 언제든지 도움을 드리겠습니다.

❸ These weirdoes are going to help me get back? 이 이상한 애들이 내가 지구로 돌아가도록 도울 거라고?

weird는 '이상한, 기이한'이라는 뜻의 형용사이고, 그 뒤에 o를 넣어서 weirdo라고 하면 '이상한/기이한 사람'이라는 뜻으로, 좀 이상하거나 독특한 사람을 지칭할 때 쓰는 단어랍니다. psycho하고 어감이 비슷해요.

* I've never met such a **weirdo** in my life. 살면서 이런 이상한 인간은 처음 본다.
* Do I look like a **weirdo**? 내가 이상한 놈처럼 보이니?

❹ Some people just can't let go of their own anxieties and obsessions. 어떤 사람들은 그들의 불안과 집착을 떨쳐버리지 못하지.

let go of ~는 '(손에 쥐고 있거나 잡고 있던 것을) 놓다' 또는 '(생각, 태도, 장악하고 있던 것을) 버리다/포기하다/떨쳐내다'라는 의미로 쓰는 숙어예요.

* **Let go of** me! 나를 놔줘!
* You need to **let go of** your negative emotions. 부정적인 감정은 떨쳐내야만 해.

영화 속 패턴 익히기

오늘 배운 장면에서 뽑은 핵심 패턴으로 다양한 표현을 만들어 보세요.

12-2.mp3

That's what we ~ 그것이 우리가 ~한 것이다.

Step 1 기본 패턴 연습하기

1 **That's what we** want. 그것이 우리가 원하는 것이야.

2 **That's what we** need. 그것이 우리가 필요로 하는 것이야.

3 **That's what we** were looking for. 그것이 바로 우리가 찾던 것이야.

4 ______________________ do. 그것이 우리가 해야 할 일이야.

5 ______________________ to do. 그것이 우리가 하려고 하는 일이야.

Step 2 패턴 응용하기 | That's not what + 주어 + 동사

1 **That's not what I'm** here for. 그것 때문에 내가 여기에 온 게 아니야.

2 **That's not what we** do. 그건 우리가 하는 일이 아니야.

3 **That's not what I** planned. 그건 내가 계획했던 것이 아니야.

4 ______________________ said. 네가 한 말은 그게 아니잖아.

5 ______________________ expected. 그건 우리가 기대했던 게 아닌데요.

Step 3 실생활에 적용하기

A Can you help us move these boxes?
B 그거 하려고 우리가 온 거예요.
A Awesome.

A 이 상자들 옮기는 것 좀 도와줄 수 있니?
B That's what we are here for.
A 잘됐네.

정답 Step 1 4 That's what we should 5 That's what we are trying Step 2 4 That's not what you 5 That's not what we

확인학습

문제를 풀며 오늘 배운 표현을 완벽히 내 것으로 만드세요.

A | 영화 속 대화를 완성해 보세요.

22 Hey, ❶ ______________ for ya. 이봐, 부탁할 게 좀 있어.

JOE Uh yeah. I'm trying to ❷ ______________. Can you help me? 어 그래. 내가 내 몸으로 돌아가려고 하는데. 도와줄 수 있니?

MOONWIND ❸ ______________! We are the Mystics Without Borders, devoted to helping the Lost Souls of Earth ❹ ______________! I'm Moonwind Stardancer ❺ ______________.
바로 그게 우리 일이지! 우리는 국경 없는 신비주의자들이거든. 지구의 길 잃은 영혼들이 길을 찾을 수 있게 돕는 일에 헌신하고 있지. 난 최선을 다해 도울 문윈드 스타댄서라고 하네.

MOONWIND That's Windstar Dreamermoon, Dancerstar Windmoon, and that's Dreamerwind Dreamerdreamer.
얘네들은 윈드스타 드리머문, 댄서스타 윈드문, 그리고 저쪽은 드리머윈드 드리머드리머야.

JOE These ❻ ______________ are ❼ ______________ get back? 이 이상한 애들이 내가 지구로 돌아가도록 도울 거라고?

22 Just wait. 그냥 좀 기다려봐.

DANCERSTAR Let's get ❽ ______________ home.
이 길 잃은 영혼을 집으로 돌려보내 주자.

MOONWIND Poor fellow. Some people just can't ❾ ______________ their own anxieties and obsessions, leaving them lost and ❿ ______________. And this is the result. Looks like another Hedge Fund Manager.
가엾은 친구. 어떤 사람들은 그들의 불안과 집착을 떨쳐버리지 못해서 삶으로부터 길을 잃고 끊어진 상태가 되지. 그리고 이게 그 결과야. 또 헤지 펀드 매니저로구먼.

HEDGE FUND MANAGER Make a trade... Make a trade...
거래해... 거래해...

B | 다음 빈칸을 채워 문장을 완성해 보세요.

1 그것이 바로 우리가 찾던 것이야.
______________ were looking for.

2 그것이 우리가 해야 할 일이야.
______________ do.

3 그것이 우리가 하려고 하는 일이야.
______________ to do.

4 네가 한 말은 그게 아니잖아.
______________ said.

5 그건 우리가 기대했던 게 아닌데요.
______________ expected.

정답 A

❶ got a request
❷ get back to my body
❸ That's what we do
❹ find their way
❺ at your service
❻ weirdoes
❼ going to help me
❽ this lost soul back
❾ let go of
❿ disconnected from life

정답 B

1 That's what we
2 That's what we should
3 That's what we are trying
4 That's not what you
5 That's not what we

Day 13

Maintaining the Meditative State

명상 상태 유지하기

이제 문윈드와 그의 팀원들[crews]이 조를 지구로 돌려보낼 의식을 치를 시간입니다. 다른 길 잃은 영혼들과는 달리 조는 영혼과 육체의 연결 고리[a connection to your body]가 없어서 주변 환경에 감정 상태를 맞춰야[tune into surroundings] 한다는군요. 팀원들의 연주가 시작되고 문윈드의 지시에 따라 명상하려고 하지만 연주가 형편없어서 집중하기 힘드네요[can't concentrate]. 그런데 명상의 효과가 나타났는지 서서히 무엇인가 보이기 시작합니다. 심장 모니터 소리[a heart monitor]와 손 세정제 냄새…… 조의 육체가 누워있는 곳은 바로 뉴욕의 병실이네요. 조는 어서 그의 몸속으로 들어가고 싶어 하고 문윈드는 아직 때가 아니라며[not the right time] 기다리라고 하지만, 결국 조가 조급하게 달려 나가고 22와 충돌하며 얼떨결에 그녀와 함께 떨어집니다. 22가 외치네요. "나는 안 가!"

Warm Up! 오늘 배울 표현

오늘 등장하는 표현들입니다. 어떤 표현이 들어가야 할지 생각해 보세요.

* Do you have a piano ______? 이 배에 피아노 있나?
* Now ______ where your body is. 이제 자네 몸이 있는 곳에 집중해.
* ______! 바로 그거야!
* ______! 훔쳐보면 안 돼!

바로 이 장면!

오디오 파일을 듣고 3번 따라 말해보세요. 13-1.mp3

MOONWIND 문윈드

Close your eyes. Breathe into your crown chakra.
눈을 감고. 정수리로 숨을 들이마셔.

JOE 조

Do we really need all this?
진짜 이렇게까지 해야 하는 건가?

MOONWIND 문윈드

Yes!
그럼!

JOE 조

Do you have a piano **on board**?[1] I could focus with that!
이 배에 피아노 있나? 피아노가 있으면 집중할 수 있을 것 같은데!

MOONWIND 문윈드

No, pianos, Joe! You must focus! Imagine silence... Shhhhh....
피아노는 없어. 조! 집중하라고! 적막을 상상해 봐··· 쉬이이···

MOONWIND 문윈드

Now **concentrate on** where your body is.[2] Listen for cues.
이제 자네 몸이 있는 곳에 집중해. 신호에 귀 기울이고.

MOONWIND 문윈드

That's it![3] You're doing it!
바로 그거야! 잘하고 있어!

MOONWIND 문윈드

No peeking![4] Maintain your meditative state or you'll break the connection. Now, see if you can smell and feel where your body is!
훔쳐보면 안 돼! 명상에 잠긴 상태를 계속 유지하지 않으면 접속이 끊어진다고. 자, 이제, 자네 몸이 있는 곳의 냄새를 맡고 느낄 수 있는지 봐!

JOE 조

I hear... a heart monitor. I can smell... hand sanitizer!
들려... 심장 모니터 소리. 냄새가 나... 손 세정제!

MOONWIND 문윈드

Yes! Yes! Good!
됐어! 됐다고! 좋아!

장면 파헤치기

구문 설명과 예문으로 이 장면의 핵심 표현을 완벽히 이해하세요.

❶ Do you have a piano on board? 이 배에 피아노 있나?

board라고 하면 주로 '판자'나 (판자같이 생긴) '판/대'를 뜻하는 명사로 쓰이지만, '승선/승차/탑승하다'라는 의미의 동사로도 쓰인답니다. 이 board 앞에 on을 넣은 on board는 '선상의, 기내의, 차내의' 또는 '승선한, 탑승한'이라는 의미가 되지요.

* Everyone needs to get **on board.** 모두 탑승해야 합니다.
* The plane crashed with five people **on board.** 다섯 명의 승객을 태운 비행기가 추락했다.

❷ Now concentrate on where your body is. 이제 자네 몸이 있는 곳에 집중해.

concentrate은 '집중하다'라는 의미의 동사이지요. 무엇에 집중하는지에 대해 말할 때는 이 단어 뒤에 on을 넣어서 연결하면 된답니다. 비슷한 의미의 표현으로 focus가 있는데, 이 단어 역시 뒤에 on이 따라오지요. focus는 '초점을 맞추다'라고 외우지만, 정작 문장에서 쓰일 때는 '초점을 맞추다'보다는 '집중하다'라는 의미로 번역해야 자연스러운 경우가 더 많아요.

★ 영화 속 패턴 익히기

❸ That's it! 바로 그거야!

That's it!은 상대방이 내가 원하는 행동을 하거나 결과를 냈을 때 또는 어떤 결과가 내가 원하는 대로 나왔을 때 '바로 그거야!'라고 외칠 때 쓰는 표현이지요. 그 이외에도, '다 됐다/끝났다/그것이 전부이다/더 이상 어쩔 수 없다'와 같은 뜻으로 쓰이는 경우도 많은데, 여기에서는 '바로 그거다!'라는 뜻에만 초점을 맞출게요.

* **That's it!** That's exactly what I wanted. 바로 그거야! 내가 원한 게 바로 그거라고.
* **That's it!** I knew you could do it. 바로 그거야! 네가 해낼 줄 알았어.

❹ No peeking! 훔쳐보면 안 돼!

peek는 '재빨리 훔쳐보다'라는 의미의 동사인데, 비슷한 상황에서 peep이라는 단어도 많이 쓴답니다. 단어가 워낙 비슷해서 헷갈리기 딱 좋은데, peep은 특히 작은 구멍이나 틈으로 훔쳐보는 상황에서 더욱 자주 쓰이지요.

* **No peeking** or I'll hate you. 훔쳐보지 말아라, 안 그러면 널 미워할 거야.
* **No peeping** allowed. 훔쳐보기 금지.

 오늘 배운 장면에서 뽑은 핵심 패턴으로 다양한 표현을 만들어 보세요.

13-2.mp3

concentrate on ~ ~에 집중하다.

Step 1 기본 패턴 연습하기

1 **Concentrate on** yourself. 너 자신에게 집중하라.

2 You need to **concentrate on** your school work. 학업에 집중해야 한다.

3 It's very difficult to **concentrate on** work at home. 집에서는 일에 집중하기가 매우 어렵다.

4 ____________________ the essentials. 본질에 집중해라.

5 Classical music helps you ____________________. 클래식 음악은 일에 집중하는 데 도움이 된다.

Step 2 패턴 응용하기 | Focus on ~

1 **Focus on** your goal. 네 목표에 집중해.

2 **Focus on** the present. 현재에 집중해.

3 **Focus on** what makes you happy. 너를 기쁘게 하는 일에 집중해라.

4 ____________________ have, not what you lack. 네가 가진 것에 집중해라. 부족한 것에 집중하지 말고.

5 ____________________ want to be. 네가 되고 싶은 것에 집중해라.

Step 3 실생활에 적용하기

A 우리는 당장 눈앞에 닥친 일에 집중해야 해.

B I can't agree with you more.

A I'm glad you agree.

A We need to concentrate on the task at hand.

B 지당하신 말씀이에요.

A 너도 동의한다니 다행이구나.

정답 Step 1 4 Concentrate on 5 concentrate on work Step 2 4 Focus on what you 5 Focus on who you

확인학습

문제를 풀며 오늘 배운 표현을 완벽히 내 것으로 만드세요.

A | 영화 속 대화를 완성해 보세요.

MOONWIND Close your eyes. ❶ ______________ your crown chakra.
눈을 감고, 정수리로 숨을 들이마셔.

JOE Do we really ❷ ______________? 진짜 이렇게까지 해야 하는 건가?

MOONWIND Yes! 그럼!

JOE Do you have a piano ❸ ______________? I could focus with that! 이 배에 피아노 있나? 피아노가 있으면 집중할 수 있을 것 같은데!

MOONWIND No, pianos, Joe! ❹ ______________! Imagine silence... Shhhhh.... 피아노는 없어, 조! 집중하라고! 적막을 상상해 봐… 쉬이이…

MOONWIND Now ❺ ______________ where your body is. Listen for cues. 이제 자네 몸이 있는 곳에 집중해. 신호에 귀 기울이고.

MOONWIND ❻ ______________! You're doing it! 바로 그거야! 잘하고 있어!

MOONWIND ❼ ______________! Maintain your ❽ ______________ or you'll break the connection. Now, see if you can smell and feel ❾ ______________!
훔쳐보면 안 돼! 명상에 잠긴 상태를 계속 유지하지 않으면 접속이 끊어진다고. 자, 이제, 자네 몸이 있는 곳의 냄새를 맡고 느낄 수 있는지 봐!

JOE I hear... a heart monitor. I can smell... ❿ ______________! 들려... 심장 모니터 소리. 냄새가 나... 손 세정제!

MOONWIND Yes! Yes! Good! 됐어! 됐다고! 좋아!

B | 다음 빈칸을 채워 문장을 완성해 보세요.

1 집에서는 일에 집중하기가 매우 어렵다.
It's very ______________ work at home.

2 본질에 집중해라.
______________ the essentials.

3 클래식 음악은 일에 집중하는 데 도움이 된다.
Classical music helps you ______________.

4 네가 가진 것에 집중해라, 부족한 것에 집중하지 말고.
______________ have, not what you lack.

5 네가 되고 싶은 것에 집중해라.
______________ want to be.

정답 A

❶ Breathe into
❷ need all this
❸ on board
❹ You must focus
❺ concentrate on
❻ That's it
❼ No peeking
❽ meditative state
❾ where your body is
❿ hand sanitizer

정답 B

1 difficult to concentrate on
2 Concentrate on
3 concentrate on work
4 Focus on what you
5 Focus on who you

Day 14

Joe in a Cat

고양이 몸에 들어간 조

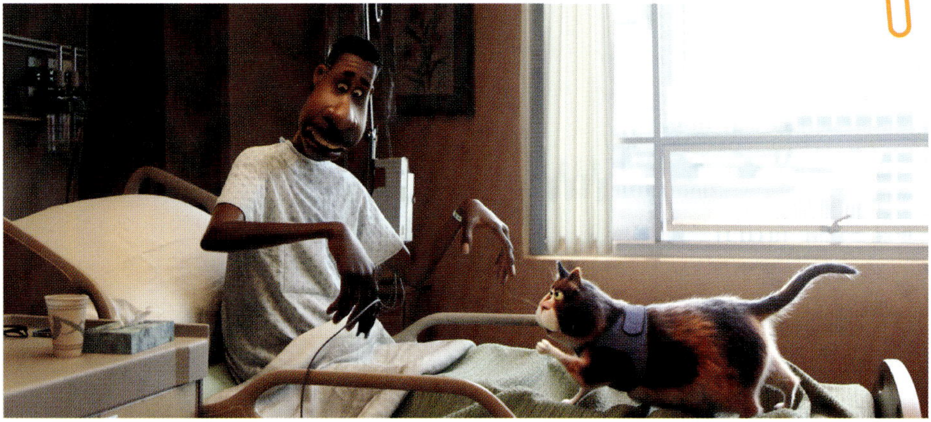

"내가 돌아왔어I'm back!" 지구로 무사히 귀환한 기쁨도 잠시…… 이게 무슨 일인가요? 조는 침대에 누워 있는lying in the bed 자기 모습을 봅니다. 그럼 조는? 조가 자기 손을 보자 그것은 고양이 발이었죠. 그리고 혼수상태unconscious state에서 깨어난 조는 22의 말투로 말합니다. 다시 정리하면, 조의 영혼은 병원의 치료 고양이(미스터 미튼스) 몸으로, 22의 영혼은 병원 침대에 누워있던 조의 몸에 불시착했던 것이죠! 조가 의사에게 구구절절 상황을 설명하지만, 의사 귀에는 야옹! 야옹! 소리만 들릴 뿐입니다. 그리고 22는 조의 모습으로 '나는 조 가드너가 아니에요'라고 하니 의사는 약 효과가 전혀 없다고drug doesn't working at all 아직 정신 못 차린 환자 취급을 합니다. 엉뚱한 몸에 들어가 버린 이 두 영혼은 어떻게 해야 할까요?

Warm Up! 오늘 배울 표현

오늘 등장하는 표현들입니다. 어떤 표현이 들어가야 할지 생각해 보세요.

* It's ______! 역겨워!
* That Moonwind guy ______! 그 문윈드 녀석이 일을 엉망으로 만들어 놨어!
* That's my body but ______! 저게 내 몸인데 난 여기에 갇혔다고요!
* That drug doesn't seem to be ______ at all. 그 약이 전혀 효과가 없는 것 같네.

바로 이 장면!

오디오 파일을 듣고 3번 따라 말해보세요. 14-1.mp3

22 / 22
You're in the cat!?
당신은 고양이 몸 안에 들어갔고!?

JOE / 조
That's MY body!
그건 내 몸이라고!

22 / 22
I'm in a body!! NOOO!
내가 몸 안에 있다니!! 안 돼애에!

JOE / 조
Why are you in my body?!
왜 네가 내 몸 안에 있는 거지?!

22 / 22
Blech! It's **disgusting**![1]
웩! 역겨워!

JOE / 조
I don't wanna be in a cat! I hate cats! That Moonwind guy **messed this up**![2]
난 고양이 안에 있고 싶지 않아! 난 고양이를 싫어한다고! 그 문윈드 녀석이 일을 엉망으로 만들어 놨어!

JOE / 조
Doc, you gotta help me! That's my body but **I'm trapped**—![3]
의사 선생님, 저 좀 도와주세요! 저게 내 몸인데 난 여기에 갇혔다고요—!

CAT / 고양이
Meow! Meow! Meow!
야옹! 야옹! 야옹!

JOE / 조
Oh, no! They can't understand me! They think you're me! You gotta try.
오, 안 돼! 그들이 내 말을 못 알아듣네! 그들은 네가 나라고 생각하고 있어! 뭔가 좀 해 봐.

22 / 22
Uh, Ms. Doctor, we have a problem. I'm an unborn soul and I wanna stay at the You Seminar!
어, 의사 선생님, 좀 문제가 생겼는데요. 저는 아직 태어나지 않은 영혼인데 유 세미나에 그냥 있고 싶어요!

DOCTOR / 의사
Yes, well, that drug doesn't seem to be **working** at all.[4]
네, 어, 그 약이 전혀 효과가 없는 것 같네.

22 / 22
No, you don't understand, I'm not Mr. Gardner –
아니, 이해 못하시나 본데, 나는 가드너 씨가 아니라고요 –

장면 파헤치기

구문 설명과 예문으로 이 장면의 핵심 표현을 완벽히 이해하세요.

❶ It's **disgusting**! 역겨워!

역겹거나 혐오스러운 것을 보거나 들은 영어권 사람들은 얼굴을 찡그리며 Oh, that's/it's disgusting이라고 외치지요. disgusting이라는 단어를 발음할 때는 중간에 sgu 부분을 '스거'라고 하기보다는 '스꺼'라고 된소리로 발음하는 것이 더욱 자연스럽답니다.

* Yuck, that's so **disgusting**. 우웩, 역겨워.
* You are **disgusting**. 넌 역겹구나.

❷ That Moonwind guy **messed this up**! 그 문윈드 녀석이 일을 엉망으로 만들어 놨어!

mess up은 '~을 (지저분하게) 엉망으로 만들다, 다 망치다'라는 의미의 구어체 표현이에요. 상황을 엉망으로 만들어 놓을 때도 쓸 수 있고 정리된 사물을 헝클어 놓을 때도 쓸 수 있지요.

★영화 속 패턴 익히기

❸ That's my body but **I'm trapped**! 저게 내 몸인데 난 여기에 갇혔다고요!

trap은 '덫, 올가미, 함정'이라는 뜻의 명사로, 동사로 쓰이면 '덫으로 잡다, (함정으로) 몰아넣다/빠뜨리다'라는 뜻이에요. 이 단어를 넣어 be trapped 형식으로 쓰면 '(불쾌한 상황에) 갇힌/빠진'이라는 의미가 되지요.

* **I'm trapped** in a box. 난 상자에 갇혔어.
* **We're trapped** and there's no way out. 우리는 갇혔고 벗어날 방법이 없다.

❹ That drug doesn't seem to be **working** at all. 그 약이 전혀 효과가 없는 것 같네.

work의 수많은 정의 중에 '(원하는) 효과가 나다/있다'라는 의미로 쓰인 상황이에요. 어떤 해결책이나 약이 효과가 있다고 할 때 이 단어를 쓰면 효과가 있어요.

* That doesn't seem to **work**. 그건 효과가 없는 것 같네.
* The new software **works** like magic. 새로운 소프트웨어가 마치 마법처럼 효과가 있어.

영화 속 패턴 익히기

오늘 배운 장면에서 뽑은 핵심 패턴으로 다양한 표현을 만들어 보세요.

14-2.mp3

mess something up ~을 망치다, 엉망으로 만들다.

Step 1 기본 패턴 연습하기

1 Don't **mess it up**. 망치지 마.

2 I don't want to **mess it up** this time. 이번에는 망치고 싶지 않아.

3 You can't **mess up** your destiny. 운명을 어그러뜨릴 수는 없다.

4 Did I ______________ interview? 나 면접 망친 거니?

5 Let's not ______________. 이건 망치지 말자.

Step 2 패턴 응용하기 | messed up

1 Jason **messed up** his room. 제이슨이 자기 방을 엉망으로 만들었다.

2 You **messed up** my phone. 네가 내 전화기를 엉망으로 만들었어.

3 We **messed up** bad. 넌 심하게 망쳤다.

4 I'm ______________. 망쳐서 미안해.

5 She ______________. 그녀가 내 인생을 엉망으로 만들었어.

Step 3 실생활에 적용하기

A Hey, stop touching my hair.
B Fuzzy, fuzzy, fuzzy.
A 어우, 네가 내 머리 엉망으로 만들었잖아.

A 야, 내 머리 좀 그만 만져.
B 보송, 보송, 보송.
A Aw, you messed up my hair.

정답 Step 1 4 mess up my 5 mess this up Step 2 4 sorry I messed up 5 messed up my life

확인학습

문제를 풀며 오늘 배운 표현을 완벽히 내 것으로 만드세요.

A | 영화 속 대화를 완성해 보세요.

22 You're ❶ ______________!? 당신은 고양이 몸 안에 들어갔고!?

JOE That's MY body! 그건 내 몸이라고!

22 I'm in a body!! NOOO! 내가 몸 안에 있다니!! 안 돼애에!

JOE ❷ ______________ my body?! 왜 네가 내 몸 안에 있는 거지?!

22 Blech! It's ❸ ______________! 퉥! 역겨워!

JOE I don't ❹ ______________! I hate cats! That Moonwind guy ❺ ______________! 난 고양이 안에 있고 싶지 않아! 난 고양이를 싫어한다고! 그 문윈드 녀석이 일을 엉망으로 만들어 놨어!

JOE Doc, ❻ ______________ me! That's my body but ❼ ______________—! 의사 선생님, 저 좀 도와주세요! 저게 내 몸인데 난 여기에 갇혔다고요—!

CAT Meow! Meow! Meow! 야옹! 야옹! 야옹!

JOE Oh, no! They can't understand me! They think you're me! You gotta try. 오, 안 돼! 그들이 내 말을 못 알아듣네! 그들은 네가 나라고 생각하고 있어! 뭔가 좀 해 봐.

22 Uh, Ms. Doctor, we ❽ ______________. I'm an unborn soul and I wanna stay at the You Seminar! 어, 의사 선생님, 좀 문제가 생겼는데요. 저는 아직 태어나지 않은 영혼인데 유 세미나에 그냥 있고 싶어요!

DOCTOR Yes, well, that drug doesn't seem to be ❾ ______________ at all. 네, 어, 그 약이 전혀 효과가 없는 것 같네.

22 No, ❿ ______________, I'm not Mr. Gardner – 아니, 이해 못하시나 본데, 나는 가드너 씨가 아니라고요 –

B | 다음 빈칸을 채워 문장을 완성해 보세요.

1 이번에는 망치고 싶지 않아.
I don't want to ______________ this time.

2 나 면접 망친 거니?
Did I ______________ interview?

3 이건 망치지 말자.
Let's not ______________.

4 망쳐서 미안해.
I'm ______________.

5 그녀가 내 인생을 엉망으로 만들었어.
She ______________.

정답 A

❶ in the cat
❷ Why are you in
❸ disgusting
❹ wanna be in a cat
❺ messed this up
❻ you gotta help
❼ I'm trapped
❽ have a problem
❾ working
❿ you don't understand

정답 B

1 mess it up
2 mess up my
3 mess this up
4 sorry I messed up
5 messed up my life

Day 15

Escape From the Hospital

병원 탈출하기

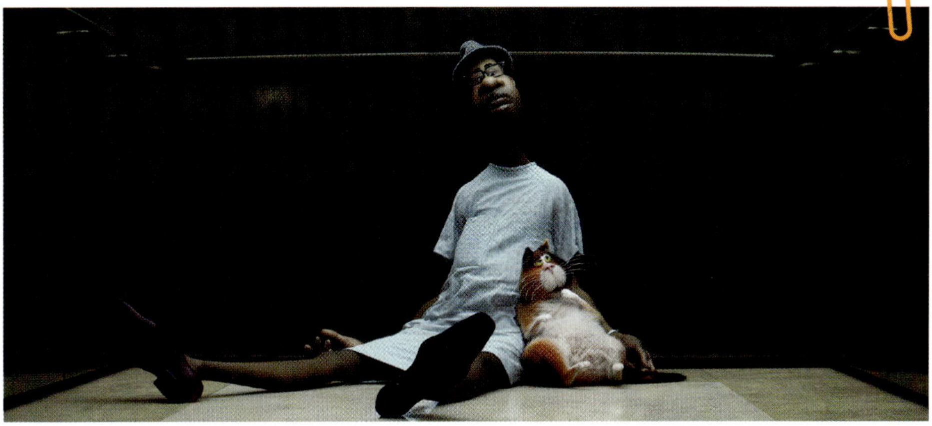

이 모든 상황을 제대로 돌려놓기 위해서는 문윈드를 찾아야 한다는 결론에 이른[come to a conclusion] 조와 22는 병원을 탈출하려고 합니다. 솜털처럼 통통 가볍게 뛰어다니던 22는 조의 기다란 인간의 몸에 적응하려니[adapt to] 여간 힘든 게 아닙니다. 조도 마찬가지로 상상도 못 한 고양이 몸이 되었으니 둘 다 휘청거리고[lurch] 여기저기 부딪히고[banging into everything] 난리도 아니네요. 심지어 22는 조의 뇌 속을 여기저기 스캔하듯 들여다보며 민감한 부분을 끄집어내 조의 신경을 건드리네요. 병원 출구에 선 22는 뉴욕의 북적거리는 소음[muffled sounds]과 광경을 감당하기 힘들어 합니다. 22는 용기 내어 뉴욕 거리에 발을 내딛고 용감하게 활보할 수 있을까요?

Warm Up! 오늘 배울 표현

오늘 등장하는 표현들입니다. 어떤 표현이 들어가야 할지 생각해 보세요.

* How do you know ____________? 네가 어떻게 그런 걸 다 알지?
* ____________! 신경 끄시지!
* Let's just ____________ and – 잠깐 쉬면서 –
* They could be here ____________! 그들이 지금 당장 올 수도 있다고!

바로 이 장면!

오디오 파일을 듣고 3번 따라 말해보세요. 15-1.mp3

JOE Now push the down button.
조 내려가는 버튼 눌러.

JOE Careful! Those fingers are my livelihood!
조 조심해! 그 손가락들은 나의 생계 수단이야!

JOE Now get in.
조 자 이제 들어가.

JOE Okay. What'd Moonwind say? Corner of 14th and 7th?
조 좋아. 문윈드가 뭐라고 했지? 14가와 7가 사이의 모퉁이라고 했나?

22 Yeah, that's Chelsea. Near Jackson Square Park.
22 응, 거긴 첼시야. 잭슨 스퀘어 공원 근처.

JOE Exactly. Wait. How do you know **all that**?[1]
조 정확해. 잠깐. 네가 어떻게 그런 걸 다 알지?

22 It's all in this stupid brain of yours.
22 네 이 멍청한 두뇌 속에 다 있는 거라고.

JOE Hey! Stay out of there!
조 야! 거기로 들어가지 마!

22 Oh, relax, there's not much here. Jazz, jazz, jazz, more jazz. Oh and someone named Lisa. Who's that?
22 오, 진정해, 들어 있는 것도 별로 없구만. 재즈, 재즈, 재즈, 또 재즈. 오 그리고 리사라는 사람이 있네. 그건 누구지?

JOE **Never mind!**[2]
조 신경 끄시지!

22 I ummm... This is all happening too fast. Let's just **take a minute** and –[3]
22 난 음··· 너무 순식간에 모든 일이 일어나서 감당이 안돼. 잠깐 쉬면서 –

JOE Come on, let's go! They could be here **any second**![4]
조 어서, 가자고! 그들이 지금 당장 올 수도 있다고!

장면 파헤치기

구문 설명과 예문으로 이 장면의 핵심 표현을 완벽히 이해하세요.

❶ How do you know **all that**? 네가 어떻게 그런 걸 다 알지?

이 문장을 '네가 어떻게 그걸 알아?'라고 바꾼다면 단순히 all만 빼고 How do you know that?이라고 하면 되니, all을 넣어서 '그 모든 것, 전부, 다'라는 의미가 생긴 것을 알 수 있지요. all이 순서상 that 전에 오는 것을 기억해 주세요.

* Who paid for **all that**? 그거 누가 다 계산한 거니?
* There's no way you can finish **all that**. 그걸 전부 다 끝낸다는 건 말도 안돼.

❷ **Never mind!** 신경 끄시지!

mind의 기본적 정의는 '마음, 정신'이지만, 이 단어가 동사로 쓰일 때는 '언짢아하다, 상관하다, 개의하다'라는 의미가 된답니다. 그래서, 이 단어 앞에 never를 넣으면 '(결코/절대) 상관하지 말아라, 개의치 말아라'라는 뜻이 되지요. 상대방에게 괜찮으니 신경 쓰지 말라고 하며 가볍게 던지는 듯한 어투로 자주 쓰여요.

* **Never mind**, I'll do it myself. 신경 쓰지 마라, 내가 알아서 할 테니까.
* **Never mind**, it's no big deal. 신경 꺼라, 별일 아니니까.

❸ Let's just **take a minute** and – 우리 그냥 잠깐 시간을 내서/쉬면서 –

take a minute 또는 take a moment는 '잠시 시간을 내다'라는 의미로 쓰이는 숙어인데, 이것을 Let's just take a minute/moment and ~ 패턴으로 쓰면 '우리 그냥 잠시 쉬면서/시간을 내서 ~'라는 의미로 유용하게 활용할 수 있어요.

★ 영화 속 패턴 익히기

❹ They could be here **any second**! 그들이 지금 당장 올 수도 있다고!

any second는 '곧바로, 당장/금방이라도'라는 의미로 뭔가가 곧 임박한 상황에 대해 말할 때 쓰는 표현이랍니다. 앞에 at을 넣어서 쓰는 경우도 있지만, at은 생략하는 경우가 더 많아요.

* It looks like it could rain **any second**. 당장이라도 비가 올 것 같아.
* It could happen **any second**. 그 일이 당장이라도 일어날 수 있어.

영화 속 패턴 익히기

오늘 배운 장면에서 뽑은 핵심 패턴으로 다양한 표현을 만들어 보세요.

15-2.mp3

Let's just take a minute and 우리 그냥 잠시만 쉬면서 (시간을 내서) ~

Step 1 기본 패턴 연습하기

1 **Let's just take a minute and** be grateful. 우리 그냥 잠시만 시간을 내서 감사함을 생각하자.

2 **Let's just take a minute and** breathe. 우리 그냥 잠시만 쉬면서 숨 좀 돌리자.

3 **Let's just take a minute and** look at this picture. 우리 그냥 잠시만 시간을 내서 이 사진 좀 보자.

4 ______________________________ at how pretty this is.
우리 그냥 잠시만 쉬면서 이게 얼마나 예쁜지 감상하자.

5 ______________________________ what this means.
우리 그냥 잠시만 시간을 내서 이것의 의미에 대해서 생각하는 시간을 가져 보자.

Step 2 패턴 응용하기 | Let's just take a moment and ~

1 **Let's just take a moment and** appreciate this. 우리 그냥 잠시만 쉬면서 이것을 감상하자.

2 **Let's just take a moment and** enjoy the view. 우리 그냥 잠시만 쉬면서 경치를 즐기자.

3 **Let's just take a moment and** think about this. 우리 그냥 잠시만 쉬면서 이것에 대해 생각해 보자.

4 ______________________________ pray. 우리 그냥 잠시만 시간을 내서 기도하자.

5 ______________________________ our success.
우리 그냥 잠시만 시간을 내서 우리의 성공을 축하하자.

Step 3 실생활에 적용하기

A 우리 잠시만 쉬면서 이것에 대해서 이야기를 좀 나누자.
B What if I don't want to?
A Why would you not want to talk about it?

A Let's just take a minute and talk about this.
B 제가 원하지 않는다면요?
A 네가 이 이야기를 하기 싫어할 이유가 뭐가 있니?

정답 Step 1 4 Let's just take a minute and look 5 Let's just take a minute and think about Step 2 4 Let's just take a moment and 5 Let's just take a moment and celebrate

확인학습

문제를 풀며 오늘 배운 표현을 완벽히 내 것으로 만드세요.

A | 영화 속 대화를 완성해 보세요.

JOE Now push the ❶ ________________. 내려가는 버튼 눌러.

JOE Careful! ❷ ________________ are my livelihood!
조심해! 그 손가락들은 나의 생계 수단이야!

JOE ❸ ________________. 자 이제 들어가.

JOE Okay. What'd Moonwind say? Corner of 14th and 7th?
좋아. 문윈드가 뭐라고 했지? 14가와 7가 사이의 모퉁이라고 했나?

22 Yeah, that's Chelsea. Near Jackson Square Park.
응, 거긴 첼시야. 잭슨 스퀘어 공원 근처.

JOE Exactly. Wait. How do you know ❹ ________________?
정확해. 잠깐. 네가 어떻게 그런 걸 다 알지?

22 It's all in this ❺ ________________ yours.
네 이 멍청한 두뇌 속에 다 있는 거라고.

JOE Hey! ❻ ________________ there! 야! 거기로 들어가지 마!

22 Oh, relax, there's not much here. Jazz, jazz, jazz, more jazz. Oh and ❼ ________________ Lisa. Who's that?
오, 진정해, 들어 있는 것도 별로 없구만. 재즈, 재즈, 재즈, 또 재즈. 오 그리고 리사라는 사람이 있네. 그건 누구지?

JOE ❽ ________________! 신경 끄시지!

22 I ummm… This is all happening too fast. Let's just ❾ ________________ and –
난 음… 너무 순식간에 모든 일이 일어나서 감당이 안돼. 잠깐 쉬면서 –

JOE Come on, let's go! They could be here ❿ ________________!
어서, 가자고! 그들이 지금 당장 올 수도 있다고!

B | 다음 빈칸을 채워 문장을 완성해 보세요.

1 우리 그냥 잠시만 시간을 내서 이 사진 좀 보자.
________________ look at this picture.

2 우리 그냥 잠시만 쉬면서 이게 얼마나 예쁜지 감상하자.
________________ at how pretty this is.

3 우리 그냥 잠시만 시간을 내서 이것의 의미에 대해서 생각하는 시간을 가져보자.
________________ what this means.

4 우리 그냥 잠시만 시간을 내서 기도하자.
________________ pray.

5 우리 그냥 잠시만 시간을 내서 우리의 성공을 축하하자.
________________ our success.

정답 A

❶ down button
❷ Those fingers
❸ Now get in
❹ all that
❺ stupid brain of
❻ Stay out of
❼ someone named
❽ Never mind
❾ take a minute
❿ any second

정답 B

1 Let's just take a minute and
2 Let's just take a minute and look
3 Let's just take a minute and think about
4 Let's just take a moment and
5 Let's just take a moment and celebrate

Day 16

Cutting It Close

시간이 모자라

조와 22는 드디어 문윈드와 재회합니다[reunite]. 인간의 몸을 한 문윈드는 뉴욕 거리에서 광고판 돌리는 일을[twirling a sign] 하고 있습니다. 조의 영혼이 제자리를 찾았는지 알고 반가워하던 문윈드는 실제로는 조의 영혼이 고양이 몸속으로, 22의 영혼은 조의 몸속으로 잘못 들어갔다는 사실에 놀랍니다. 조가 저녁에 재즈 클럽에서 연주하려면 원래대로 돌려놔야 한다고 말하니 문윈드는 6시 반에 영혼을 제자리에 돌려놓는[get souls back where they belong] 의식[ritual]을 하자고 약속합니다. 조는 시간이 너무 촉박하지만, 그 사이 22의 영혼이 들어간 자기(조)를 깨끗이 씻기고[cleaned up] 제대로 준비시켜야겠다고 하네요.

Warm Up! 오늘 배울 표현

오늘 등장하는 표현들입니다. 어떤 표현이 들어가야 할지 생각해 보세요.

* ______! 얼씬거리지도 말라고!
* You're ______, little soul. 분명 어디엔가는 있을 테지, 작은 영혼아.
* I can barely fit into my pants ______. 지금도 바지가 겨우 맞는다고.
* 6:30 is ______. 6시 반은 너무 촉박한데.

바로 이 장면!

오디오 파일을 듣고 3번 따라 말해보세요. 16-1.mp3

MOONWIND 문윈드
See you at The Half Note at 6:30! I'll take care of everything!
하프노트에서 6시 반에 봐! 내가 다 알아서 할게!

MARGE 마지
And **stay away**![1]
얼씬거리지도 말라고!

TERRY 테리
Sure are a lot of Garcias in here.
가르시아는 왜 이렇게 많은 거야.

TERRY 테리
You're **out there somewhere**, little soul.[2] And I'm going to find you.
분명 어디엔가는 있을 테지, 작은 영혼아. 널 찾고야 말 테다.

JOE 조
All right, this is the last snack! I can barely fit into my pants **as it is**.[3] 6:30 is **cutting it close**.[4] Too close. We gotta get back to my place and get you cleaned up and ready to go.
좋아, 이게 마지막 간식이야! 지금도 바지가 겨우 맞는다고. 6시 반은 너무 촉박한데. 너무 빠듯해. 우리 집으로 돌아가서 너를 말끔하게 씻기고 제대로 준비시켜야겠어.

JOE 조
Bleck! Ugh. We gotta hail a cab. Hold your hand out. Hold it up and out.
퉥! 웩. 택시를 잡아야겠어. 손을 뻗어 봐. 손을 들고 밖으로 뻗으라고.

JOE 조
This would be hard even if I wasn't wearing a hospital gown.
택시 잡는 건 내가 환자복을 입고 있지 않았어도 힘들었을 거야.

JOE 조
Go! Go, go, go! Just run to that one!
어서 가! 가, 가, 가! 무조건 저 택시로 뛰어가라고!

장면 파헤치기

구문 설명과 예문으로 이 장면의 핵심 표현을 완벽히 이해하세요.

❶ Stay away! 얼씬거리지도 말라고!

stay away는 '근방/근처에 가지/오지 않고 멀리 떨어지다'라는 의미로, 주로 경고나 주의를 주는 상황에 쓰인답니다.

* **Stay away** from me! 내 근처에도 오지 마!
* You need to **stay away** from fake news. 가짜 뉴스들을 멀리해야만 해.

❷ You're out there somewhere, little soul. 분명 어디엔가는 있을 테지, 작은 영혼아.

out there는 out in the world와 동의 표현으로 '저기 바깥세상에는', '(밖으로 나가서) 세상에 가면' 정도의 의미로 해석하는 것이 좋아요. 그 뒤에 somewhere를 붙이면 '저기 어딘가 바깥세상에는', '(이 안/근처가 아닌) 세상/바깥 저 어딘가에'라는 뜻이 되는 것이지요.

* I know you're **out there somewhere**. 네가 거기 어딘가에 있다는 걸 알아.
* The truth is **out there somewhere**. 진실은 세상 어딘가에 있다.

❸ I can barely fit into my pants as it is. 지금도 바지가 겨우 맞는다고.

as it is는 무엇인가가 변하지 않고 지금 그대로의 모습으로 있는 것을 말할 때 쓰는 표현이에요. '있는 그대로, 그냥 그대로, 이대로' 정도로 해석하면 자연스럽지요. it이 들어갈 자리에 다른 대명사를 넣어서 '지금 이대로의 나/너/그/그녀/우리/그들' 등의 뜻으로 활용할 수 있답니다.

★영화 속 패턴 익히기

❹ 6:30 is cutting it close. 6시 반은 너무 촉박한데.

cut it close는 어떤 제한이나 한도에 거의 다다른 상황, 즉 급박하고 아슬아슬한 상황을 묘사할 때 쓰는 관용적 표현이에요. 특히 시간에 관련하여 쓰는 경우가 대부분이랍니다.

* We'll be **cutting it close**. 아슬아슬하게 도착할 것 같아.
* Joe left his place at 8, which was **cutting it close** for his 8:20 meeting.
  조가 8시에 집에서 나왔는데, 8시 20분 회의에 도착하려면 간당간당하다.

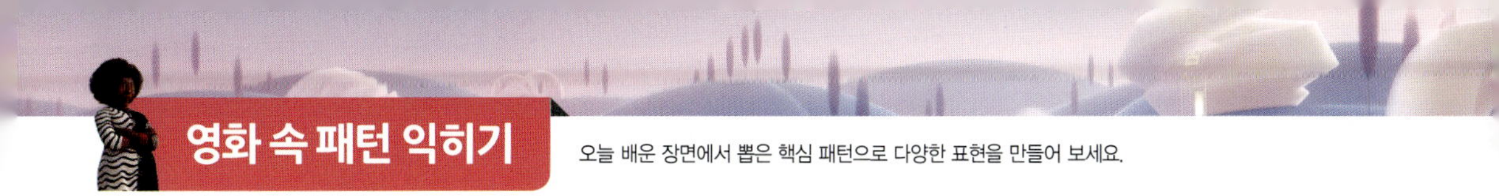

영화 속 패턴 익히기

오늘 배운 장면에서 뽑은 핵심 패턴으로 다양한 표현을 만들어 보세요.

16-2.mp3

~ as it is

있는 그대로, 그냥 그대로, 이대로 ~

Step 1 기본 패턴 연습하기

1 I want it to stay **as it is.** 이것이 이대로 머물러 있으면 좋겠어.

2 Leave it **as it is.** 이것을 있는 그대로 놔둬라.

3 You must accept it **as it is.** 있는 그대로 받아들여야 해.

4 I don't ______________________. 난 이것이 이대로 있는 것이 싫어.

5 I've got enough on my ______________________. 난 이미 할 일이 너무 많아.

Step 2 패턴 응용하기 | ~ as + 주어 + be동사

1 Come **as you are.** 있는 그대로의 모습으로 와라.

2 You need to see things **as they are.** 세상을 있는 그대로 봐야 한다.

3 I hope you like me **as I am.** 지금 이대로의 나를 좋아해 주면 좋겠어.

4 Laura wants someone who will love her ______________________.
로라는 지금 이대로의 그녀를 사랑해 줄 사람을 원해.

5 We are all ______________________. 우리는 모두 지금 이대로도 충분한 사람들이야.

Step 3 실생활에 적용하기

A I want to do something different with my hair.	A 내 머리 스타일을 좀 바꿔 보고 싶어.
B How about changing your hair color?	B 머리 색깔을 바꿔 보는 건 어때?
A No, 머리 색깔은 지금 이대로가 좋아.	A 아니, I like it as is.

정답 Step 1 4 want it as it is 5 plate as it is Step 2 4 as she is 5 enough as we are

확인학습

문제를 풀며 오늘 배운 표현을 완벽히 내 것으로 만드세요.

A | 영화 속 대화를 완성해 보세요.

MOONWIND See you at The Half Note at 6:30! I'll ❶ ____________________! 하프노트에서 6시 반에 봐! 내가 다 알아서 할게!

MARGE And ❷ __________! 얼씬거리지도 말라고!

TERRY Sure are a lot of Garcias in here. 가르시아는 왜 이렇게 많은 거야.

TERRY You're ❸ ____________________, little soul. And ❹ ____________________ you.
분명 어디엔가는 있을 테지, 작은 영혼아. 널 찾고야 말 테다.

JOE All right, this is ❺ __________! I can barely fit into my pants ❻ __________. 6:30 is ❼ __________. Too close. We gotta ❽ ____________________ and get you cleaned up and ready to go.
좋아, 이게 마지막 간식이야! 지금도 바지가 겨우 맞는다고. 6시 반은 너무 촉박한데. 너무 빠듯해. 우리 집으로 돌아가서 너를 말끔하게 씻기고 제대로 준비시켜야겠어.

JOE Bleck! Ugh. We gotta hail a cab. Hold your hand out. ❾ ____________________.
퉥! 웩. 택시를 잡아야겠어. 손을 뻗어 봐. 손을 들고 밖으로 뻗으라고.

JOE This would be hard even if I wasn't ❿ ____________________. 택시 잡는 건 내가 환자복을 입고 있지 않았어도 힘들었을 거야.

JOE Go! Go, go, go! Just run to that one!
어서 가! 가, 가, 가! 무조건 저 택시로 뛰어가라고!

B | 다음 빈칸을 채워 문장을 완성해 보세요.

1 있는 그대로 받아들여야 해.
You must accept it ____________________.

2 난 이것이 이대로 있는 것이 싫어.
I don't ____________________.

3 난 이미 할 일이 너무 많아.
I've got enough on my ____________________.

4 로라는 지금 이대로의 그녀를 사랑해 줄 사람을 원해.
Laura wants someone who will love her ____________________.

5 우리는 모두 지금 이대로도 충분한 사람들이야.
We are all ____________________.

정답 A

❶ take care of everything
❷ stay away
❸ out there somewhere
❹ I'm going to find
❺ the last snack
❻ as it is
❼ cutting it close
❽ get back to my place
❾ Hold it up and out
❿ wearing a hospital gown

정답 B

1 as it is
2 want it as it is
3 plate as it is
4 as she is
5 enough as we are

Day 17

A Recovery Plan

실수 만회 작전

집으로 가는 택시를 잡다가 얼룩진 환자복을 입은[in stained hospital gown] 조는 도로테아 윌리엄스 일행과 마주칩니다. 외형만 조의 모습일 뿐 22의 영혼이 들어 앉아있으니 그녀가 도로테아를 알아볼 리 없고, 엎친 데 덮친 격으로[what is worse] 해맑게 피자를 먹는 모습을 딱 들키고 말았네요. 그런 모습을 도로테아에게 보이다니…… 망했어요[doomed]! 집에서 컬리의 음성 메시지를 확인한 조와 22. 조의 제자이자 그에게 마음의 빚이 있던[owe] 컬리는 스승인 조가 도로테아와의 협연을 성공적으로 해내길 바라지만, 안타깝게도 조의 흉한 모습을 본 도로테아는 연주자를 다른 사람으로 교체[replaced]하려고 한다네요. 이대로 조는 일생일대 기회를 놓치게 되는 걸까요? 하지만 불가능은 없다! 이를 만회해 보자는 컬리의 조언에 조는 용기를 얻고[be encouraged] 몸단장을 하려 합니다.

Warm Up! 오늘 배울 표현

오늘 등장하는 표현들입니다. 어떤 표현이 들어가야 할지 생각해 보세요.

* Dorothea ____________ when she saw you. 도로테아가 선생님을 보고 완전 뒤집어졌어요.
* I ____________. 제가 선생님께 빚이 많아요.
* Just make sure you show up looking like ____________, alright? 백만 달러의 가치가 있는 사람처럼 보이게 하고 나타나시기만 하면 돼요, 아시겠죠?
* No way, ____________. 안 돼, 절대 안 돼.

바로 이 장면!

오디오 파일을 듣고 3번 따라 말해보세요. 17-1.mp3

CURLEY
컬리

Hey, Mr. G. It's Curley. Um... I hope you're doing okay. Dorothea **freaked out** when she saw you.[1] And she called this other guy, Robert. He's got the gig now. I'm sorry.

저기요, 미스터G. 저 컬리예요. 엄… 별일 없으신 거면 좋겠네요. 도로테아가 선생님을 보고 완전 뒤집어졌어요. 그러더니 로버트라고 하는 다른 남자한테 연락했더라고요. 그 사람이 공연하기로 했어요. 죄송해요.

JOE
조

No, no, no!

안 돼, 안 돼, 안 돼!

CURLEY
컬리

Look. Honestly, your class was the only reason I went to school at all. Like, I **owe you a lot**.[2] So...

저기요. 솔직히 말씀드리면, 제가 학교를 그만두지 않은 이유는 오로지 선생님 수업 때문이었어요. 그러니까, 제가 선생님께 빚이 많아요. 그래서…

CURLEY
컬리

Here's the plan. Clean yourself up, put on a killer suit, and get to the club early. I'm going to try to talk to her.

이렇게 해 보자고요. 말끔하게 씻으시고, 끝내주게 멋진 정장을 입고 클럽으로 일찍 오세요. 제가 도로테아에게 잘 얘기해 볼게요.

CURLEY
컬리

Just make sure you show up looking like **a million bucks**, alright?[3] I hope I see you, man. Alright, Peace.

백만 달러의 가치가 있는 사람처럼 보이게 하고 나타나시기만 하면 돼요, 아시겠죠? 뵐 수 있으면 좋겠네요, 쌤. 그럼, 안녕.

JOE
조

Ohhh! I can get the gig back! 22, I need your help! I have a suit. I'm gonna need you to try it on. And then, I can line up my hair a little bit and I can—

오오오! 공연 기회를 되찾아 올 수 있어! 22, 네 도움이 필요해! 내게 정장이 있어. 네가 한번 입어 보면 좋겠구나. 그러고 나서 머리를 좀 정리하고 또—

22
22

No, no, no. Nope. Nope. Nope. Nope. No way! No way, **nohow**.[4]

아니, 아니, 아냐. 싫어. 싫어. 싫어. 싫다고. 절대 안 돼! 안 돼, 절대 안 돼.

장면 파헤치기

구문 설명과 예문으로 이 장면의 핵심 표현을 완벽히 이해하세요.

❶ Dorothea **freaked out** when she saw you. 도로테아가 선생님을 보고 완전 뒤집어졌어요.

freak out은 '기겁/질겁하다'라는 뜻으로 쓰이는 거의 속어에 가까운 구어체 표현이에요. freak out의 기본 의미는 '환각 증상이 되다, 몹시 흥분하다'인데, 그런 의미로 인해 freak이 명사로 쓰일 경우에는 '뭔가에 환장한 사람, 도가 지나칠 정도로 ~한 사람'이라는 뜻이 된답니다. 예를 들어, control freak '컨트롤/제어에 환장한 사람, 곧 만사를 제 뜻대로만 해야 직성이 풀리는 사람' 이런 식으로 쓴답니다.

* Will you stop **freaking out**? 질겁하지 좀 말아 줄래?
* Eric **freaked out** when he heard the news. 에릭은 그 소식을 듣고 기겁했다.

❷ I **owe you a lot**. 제가 선생님께 빚이 많아요.

owe는 '빚지고 있다, 신세를 지고 있다'라는 의미로 실제로 남에게 돈을 빚졌을 때도 쓰는 단어이지만, '남의 은혜를 입었기 때문에 ~해야 하다(한다고 생각하다)'라는 의미로도 자주 쓴답니다. 여기에서는 후자의 의미로 쓰였네요. I owe you는 '나는 네게 은혜를 입었다'이고, 반대로 You owe me는 '너는 내게 은혜를 입었다'라는 뜻이 되지요.

★ 영화 속 패턴 익히기

❸ Just make sure you show up looking like **a million bucks**, alright?
백만 달러의 가치가 있는 사람처럼 보이게 하고 나타나시기만 하면 돼요, 아시겠죠?

buck은 '수사슴'이라는 뜻도 있지만, 주로 구어체에서는 '달러'라는 의미의 명사로 쓰여요. 달러를 대체해서 쓰면 되는데, 예를 들어 a dollar (1달러)는 a buck이고, two thousand dollars (2천 달러)는 two thousand bucks가 되는 것이지요.

* I only have 10 **bucks** left. 나 10달러밖에 안 남았어.
* It costs two thousand **bucks** to fix this car. 이 차 고치려면 2천 달러 들어.

❹ No way, **nohow**. 안 돼, 절대 안 돼.

No way는 '절대 안 돼, 말도 안 돼'라는 뜻으로 굉장히 자주 쓰이는 구어체 표현인데, nohow는 그에 비해 자주 쓰이는 편은 아니에요. nohow는 no way와 같이 '절대/결코 안 돼!'라는 의미로 쓰이기도 하지만, '결코/아무리 해도 ~않다'라는 의미로도 쓰일 때가 있답니다.

* We won't get there today, **nohow**. 아무리 노력해도 오늘은 못 도착해.
* I never liked her **nohow**. 단 한 번도 그녀를 어떤 방식으로 건 좋아한 적 없어.

영화 속 패턴 익히기

오늘 배운 장면에서 뽑은 핵심 패턴으로 다양한 표현을 만들어 보세요.

17-2.mp3

I owe you ~ 난 너에게 ~만큼/한 빚이 있다.

Step 1 기본 패턴 연습하기

1 **I owe you** an apology. 너에게 사과할 게 있어.

2 **I owe you** one. 너에게 갚아야 할 게 있어.

3 **I owe you** big time. 너에게 엄청나게 빚을 졌다.

4 ______________ more than I can ever repay. 평생을 갚아도 못 갚을 만큼 너에게 빚을 졌다.

5 ______________ life. 난 너에게 내 목숨을 빚졌다.

Step 2 패턴 응용하기 | You owe me ~

1 **You owe me** one. 너 나한테 빚진 거다.

2 **You owe me** nothing in return. 아무것도 돌려줄 필요 없어.

3 **You owe me** a drink. 나중에 한잔 갚아라.

4 ______________ a favor. 나중에 내 부탁 하나 들어줘야 해.

5 ______________ you think. 네 생각보다 넌 나에게 더 많은 빚을 지고 있어.

Step 3 실생활에 적용하기

A Pay me back when you can.

B 너에게 정말 큰 빚을 졌구나.

A I owe you more.

A 갚을 수 있을 때 갚으면 돼.

B I owe you so much

A 내가 너에게 더 빚진 게 많아.

정답 Step 1 4 I owe you so much 5 I owe you my Step 2 4 You owe me 5 You owe me more than

확인학습

문제를 풀며 오늘 배운 표현을 완벽히 내 것으로 만드세요.

A | 영화 속 대화를 완성해 보세요.

CURLEY Hey, Mr. G. It's Curley. Um... I ❶ ____________. Dorothea ❷ ____________ when she saw you. And she called this other guy, Robert. He's got the gig now. I'm sorry. 저기요. 미스터G. 저 컬리예요. 엄… 별일 없으신 거면 좋겠네요. 도로테아가 선생님을 보고 완전 뒤집어졌어요. 그러더니 로버트라고 하는 다른 남자한테 연락했더라고요. 그 사람이 공연하기로 했어요. 죄송해요.

JOE No, no, no! 안 돼, 안 돼, 안 돼!

CURLEY Look. Honestly, your class was the ❸ ____________ to school at all. Like, I ❹ ____________. So... 저기요. 솔직히 말씀드리면, 제가 학교를 그만두지 않은 이유는 오로지 선생님 수업 때문이었어요. 그러니까, 제가 선생님께 빚이 많아요. 그래서…

CURLEY Here's the plan. ❺ ____________, put on a killer suit, and get to the club early. I'm going to ❻ ____________. 이렇게 해 보자고요. 말끔하게 씻으시고, 끝내주게 멋진 정장을 입고 클럽으로 일찍 오세요. 제가 도로테아에게 잘 얘기해 볼게요.

CURLEY Just make sure you show up looking like ❼ ____________, alright? I hope I see you, man. Alright, Peace. 백만 달러의 가치가 있는 사람처럼 보이게 하고 나타나시기만 하면 돼요. 아시겠죠? 뵐 수 있으면 좋겠네요. 쌤. 그럼, 안녕.

JOE Ohhh! I can get the gig back! 22, ❽ ____________! I have a suit. I'm gonna need you to try it on. And then, I can line up my ❾ ____________ and I can— 오오오! 공연 기회를 되찾아 올 수 있어! 22, 네 도움이 필요해! 내게 정장이 있어. 네가 한번 입어 보면 좋겠구나. 그러고 나서 머리를 좀 정리하고 또—

22 No, no, no. Nope. Nope. Nope. Nope. No way! No way, ❿ ____________. 아니, 아니, 아냐. 싫어. 싫어. 싫어. 싫다고. 절대 안 돼! 안 돼, 절대 안 돼.

B | 다음 빈칸을 채워 문장을 완성해 보세요.

1 너에게 엄청나게 빚을 졌다.
____________ big time.

2 평생을 갚아도 못 갚을 만큼 너에게 빚을 졌다.
____________ more than I can ever repay.

3 난 너에게 내 목숨을 빚졌다.
____________ life.

4 나중에 내 부탁 하나 들어줘야 해.
____________ a favor.

5 네 생각보다 넌 나에게 더 많은 빚을 지고 있어.
____________ you think.

정답 A

❶ hope you're doing okay
❷ freaked out
❸ only reason I went
❹ owe you a lot
❺ Clean yourself up
❻ try to talk to her
❼ a million bucks
❽ I need your help
❾ hair a little bit
❿ nohow

정답 B

1 I owe you
2 I owe you so much
3 I owe you my
4 You owe me
5 You owe me more than

Day 18

22 & Connie Hit It Off

죽이 척척 잘 맞는 22와 코니

실수 만회를 위해 서둘러 조를 몸단장시키려고 하지만 조의 몸속에 있는 22는 단호히 거부하고[deny], 그 난리 통에 제자 코니까지 방문했네요. 원래 트롬본 레슨이 예정되어 있었지만, 코니는 갑자기 음악 포기[quit] 선언을 합니다. 그에 살짝 흥미를 느낀[intrigued] 22는 자기가 조인 척 코니와 대화를 시도하는데, 정작 고양이 몸속의 조는 집안에 갇혀 야옹 소리만[yowling] 질러댈 뿐이죠. 진짜 조라면 재능이 있는 코니가 음악을 포기하지 않게끔 어르고[coax] 달래겠지만, 만사 냉소적인 22는 코니의 말에 쿨하게 동조하며 포기를 격려합니다. 코니는 막상 음악을 포기하려니 미련이 남았는지 악기를 반납하기 전 마지막 연주를 하고, 이때 22는 그녀의 연주에 큰 감흥을 받습니다. 이것이 코니와 22 모두에게 큰 자각이[realize] 되었는지 코니는 음악을 계속하겠다고 마음을 바꾸고 22도 조에게 협조하기로 합니다.

Warm Up! 오늘 배울 표현

오늘 등장하는 표현들입니다. 어떤 표현이 들어가야 할지 생각해 보세요.

* I think jazz is ________! 재즈는 의미가 없는 것 같아요!
* In fact, all of school is ________. 솔직히, 학교에 가는 것 자체가 시간 낭비라고요.
* State sponsored education is ________.
  정부가 주관하는 교육은 돼지 여물통 안에 넣은 막대기가 달그락거리는 것과 같다.
* ________ pizza? 피자에 대해서는 어떻게 생각하니?

바로 이 장면!

오디오 파일을 듣고 3번 따라 말해보세요. 18-1.mp3

CONNIE 코니	Here, I quit! I think jazz is **pointless**![1] 여기요, 저 그만둘래요! 재즈는 의미가 없는 것 같아요!
22 22	Oh, yeah, jazz is definitely pointless. 오, 그래, 재즈는 확실히 의미가 없어.
JOE 조	Hey! 야!
CONNIE 코니	In fact, all of school is **a waste of time**.[2] 솔직히, 학교에 가는 것 자체가 시간 낭비라고요.
22 22	Of course. Like my mentor George Orwell used to say: state sponsored education is **like the rattling of a stick inside a swill bucket**.[3] 물론이야. 나의 멘토인 조지 오웰은 이렇게 말하곤 했지: 정부가 주관하는 교육은 돼지 여물통 안에 넣은 막대기가 달그락거리는 것과 같다.
CONNIE 코니	Yeah! 맞아요!
22 22	The ruling class's core curriculum stifles dissent. It's the oldest trick in the book. 지배 계급의 주요 교육 과정은 반대 의견을 억압하지. 그건 가장 낡아빠진 수법이라고.
JOE 조	What are you talking about!? She doesn't care about any of that—! 뭔 소리를 하는 거야!? 재는 그런 거 하나도 이해 못 해—!
CONNIE 코니	I've been saying that since the third grade! 제가 3학년 때부터 계속 그렇게 얘기해 왔다고요!
JOE 조	Ugh. 으으.
22 22	You know, you seem really smart. **What is your position on** pizza?[4] 넌 참 똑똑한 것 같구나. 피자에 대해서는 어떻게 생각하니?
CONNIE 코니	Uh... I like it? 어… 좋아하는데요?

장면 파헤치기

구문 설명과 예문으로 이 장면의 핵심 표현을 완벽히 이해하세요.

❶ I think jazz is pointless! 재즈는 의미가 없는 것 같아요!

pointless는 '의미/소용없는'이라는 뜻으로, 뭔가를 해 봐야 아무런 의미/소용도 없으니 굳이 할 필요가 없다고 부정적인 의견을 피력할 때 주로 쓰는 표현이에요.

* That strategy is **pointless**. 그 전략은 아무 의미도 없어.
* I was trying to avoid a **pointless** argument. 아무 의미도 없는 논쟁을 피하려고 했어.

❷ In fact, all of school is a waste of time. 솔직히, 학교에 가는 것 자체가 시간 낭비라고요.

'시간 낭비'를 영어로 말할 때 가장 적절한 표현이 a waste of time이에요. time 대신에 다른 명사를 넣어서 '~의 낭비'라는 뜻으로 쓸 수도 있어요. 예를 들어, a waste of energy '에너지/기운 낭비', a waste of talent '재능 낭비' 이런 식으로 쓰지요.

* The lecture was a complete **waste of time**. 그 강의는 완전히 시간 낭비였어.
* This meeting is such a **waste of time**. 이 회의는 정말 시간 낭비다.

❸ State sponsored education is like the rattling of a stick inside a swill bucket.
정부가 주관하는 교육은 돼지 여물통 안에 넣은 막대기가 달그락거리는 것과 같다.

이 표현은 '동물농장', '1984년' 등으로 유명한 영국 작가 조지 오웰의 명언 중 하나로, 실제 표현은 Advertising is like the rattling of a stick inside a swill bucket. '광고는 돼지 여물통 안에 넣어 놓은 막대기가 달그락거리는 것과 같다'예요. 이 문장의 의미는 '돼지를 사육할 때 먹이통 안에 있는 막대기를 달그락거리며 두드리면 돼지들이 와서 아무 생각 없이 먹이를 먹는 것처럼 사람들도 기업/국가에서 하는 광고를 보고 아무 생각 없이 받아들인다'는 것이지요.

* A: What did George Orwell say? 조지 오웰이 뭐라고 했니?
  B: Advertising is **like the rattling of a stick inside a swill bucket**.
  광고는 마치 돼지 여물통 속에서 달그락거리는 막대기 같다.

❹ What is your position on pizza? 피자에 대해서는 어떻게 생각하니?

position은 기본적으로 '(자리 잡고 있는) 위치'라는 뜻이지만, 위에서와 같이 '(특정 주제에 대한) 입장/태도'라는 의미로 쓰이기도 한답니다. 여기에서는 '~에 대한 너의 입장/태도가 무엇이니?'라는 뜻으로 What's your position on ~? 패턴을 연습해 볼게요. position 대신에 take를 써도 같은 의미가 된답니다.

★ 영화 속 패턴 익히기

영화 속 패턴 익히기

오늘 배운 장면에서 뽑은 핵심 패턴으로 다양한 표현을 만들어 보세요.

18-2.mp3

What's your position on ~? ~에 대한 네 입장은 무엇이니?

Step 1 기본 패턴 연습하기

1 **What's your position on** this issue? 이 사안에 대한 당신의 입장은 무엇입니까?

2 **What's your position on** health care reform? 의료 개혁에 대한 너의 입장은 뭐니?

3 **What's your position on** immigration policy? 이민 정책에 대한 당신은 입장은 무엇인가요?

4 ______________________? AI(인공 지능)에 대한 당신의 입장은 무엇입니까?

5 ______________________ social media? 소셜 미디어(SNS)에 대한 너의 입장은 무엇이니?

Step 2 패턴 응용하기 | What's your take on ~?

1 **What's your take on** this? 이것에 대해서 너는 어떻게 생각하니?

2 **What's your take on** jazz? 재즈에 대해서 너는 어떻게 생각하니?

3 **What's your take on** climate change? 기후 변화에 대한 너의 입장은 뭐니?

4 ______________________ high speed internet and its impact on our industry?
초고속 인터넷과 그것이 우리 업계에 미치는 영향에 대한 당신은 입장은 어떤가요?

5 ______________________ an electric car? 전기 자동차에 대한 네 생각은 어떻니?

Step 3 실생활에 적용하기

A 재활용에 대한 너의 입장은 무엇이니?
B I have no particular position.
A I think you should be more aware of environmental issues.

A What's your position on recycling?
B 난 특별히 입장이 없는데.
A 넌 환경 문제에 대해서 좀 더 관심을 가져야 할 것 같구나.

정답 Step 1 4 What's your position on AI? 5 What's your position on Step 2 4 What's your take on 5 What's your take on

확인학습

문제를 풀며 오늘 배운 표현을 완벽히 내 것으로 만드세요.

A | 영화 속 대화를 완성해 보세요.

CONNIE Here, I quit! I think jazz is ❶ __________!
여기요, 저 그만둘래요! 재즈는 의미가 없는 것 같아요!

22 Oh, yeah, jazz is ❷ __________ pointless.
오, 그래, 재즈는 확실히 의미가 없어.

JOE Hey! 야!

CONNIE In fact, all of school is ❸ __________.
솔직히, 학교에 가는 것 자체가 시간 낭비라고요.

22 Of course. Like my mentor George Orwell used to say: state sponsored education is ❹ __________ __________. 물론이야. 나의 멘토인 조지 오웰은 이렇게 말하곤 했지: 정부가 주관하는 교육은 돼지 여물통 안에 넣은 막대기가 달그락거리는 것과 같다.

CONNIE Yeah! 맞아요!

22 The ❺ __________ core curriculum stifles dissent. It's the ❻ __________. 지배 계급의 주요 교육 과정은 반대 의견을 억압하지. 그건 가장 낡아빠진 수법이라고.

JOE ❼ __________!? She doesn't care ❽ __________ __________—! 뭔 소리를 하는 거야!? 쟤는 그런 거 하나도 이해 못 해—!

CONNIE I've ❾ __________ since the third grade!
제가 3학년 때부터 계속 그렇게 얘기해 왔다고요!

JOE Ugh. 으으.

22 You know, you seem really smart. ❿ __________ __________ pizza? 넌 참 똑똑한 것 같구나. 피자에 대해서는 어떻게 생각하니?

CONNIE Uh... I like it? 어… 좋아하는데요?

B | 다음 빈칸을 채워 문장을 완성해 보세요.

1 이민 정책에 대한 당신은 입장은 무엇인가요?
__________ immigration policy?

2 AI에 대한 당신의 입장은 무엇입니까?
__________?

3 소셜 미디어(SNS)에 대한 너의 입장은 무엇이니?
__________ social media?

4 기후 변화에 대한 너의 입장은 뭐니?
__________ climate change?

5 전기 자동차에 대한 네 생각은 어떻니?
__________ an electric car?

정답 A

❶ pointless
❷ definitely
❸ a waste of time
❹ like the rattling of a stick inside a swill bucket
❺ ruling class's
❻ oldest trick in the book
❼ What are you talking about
❽ about any of that
❾ been saying that
❿ What is your position on

정답 B

1 What's your position on
2 What's your position on AI
3 What's your position on
4 What's your take on
5 What's your take on

Day 19

Terry time!

테리가 최고야!

'머나먼 저세상'으로 가는 망자들의 수를 세는[counting] 영혼 관리자 테리는 회계사[accountant]로서 직업의식이 투철하지만[professionalism] 동시에 '나 잘난[self-absorbed]' 의식이 매우 강한 친구죠. 앞서 영혼 하나가 실종된 걸 발견한 테리는 그 실수를 바로 잡기 위해 수천억 개의 서류를 뒤져[rifle through the endless file] 결국 그 범인을 잡아냅니다. 그는 바로 조 가드너! 조가 '머나먼 저세상'으로 가지 않고 지구로 내려간 것을 알게 된 테리는 임무에 충실하여 그를 잡아 오겠다고 지구를 향해 점프합니다. 한편 조는 22, 즉 자기 머리를 깎으려다 머리에 큰 땜빵을 남기는 대참사를 일으키고 맙니다. 시간은 촉박한데 갈수록 태산이네요[Out of the frying pan into the fire].

Warm Up! 오늘 배울 표현

오늘 등장하는 표현들입니다. 어떤 표현이 들어가야 할지 생각해 보세요.

* ________! 테리가 최고야!
* That's the mentor we ________ 22. 그는 22하고 우리가 짝지어 준 멘토인데.
* ________ the hysterics. 너무 과민 반응하지 마.
* Terry's ________. 테리가 다 알아서 정리할 테니까.

바로 이 장면!

오디오 파일을 듣고 3번 따라 말해보세요.

19-1.mp3

COUNSELOR JERRY A
카운슬러 제리A

You five will be insecure. And you twelve will be self-absorbed.
너희 다섯은 정서적으로 불안정한 성격이 될 거야. 그리고 너희 열둘은 자아도취적인 성격이 될 거고.

COUNSELOR JERRY B
카운슬러 제리B

We really should stop sending so many through that pavilion—
저쪽으로 너무 많이 보내면 안 될 것 같은데—

TERRY
테리

Found him!
요놈 찾았다!

TERRY
테리

See that, everybody? Who figured out why the count's off? That's right, Terry did! **Terry time**![1]
이거 보여. 모두들? 왜 계산이 안 맞는지 누가 해결했지? 그래 맞아. 테리가 했지! 테리가 최고야!

COUNSELOR JERRY A
카운슬러 제리A

Wow. Nice work!
우와. 정말 대단해!

COUNSELOR JERRY B
카운슬러 제리B

Well, who is it?
대체 누구 때문에 그랬던 거야?

TERRY
테리

Right. Joe Gardner is his name. It looks like he's back down on Earth.
그래. 그의 이름은 조 가드너야. 그가 다시 지구로 내려간 것 같아.

COUNSELOR JERRY A
카운슬러 제리A

That's not good.
그건 안 좋은데.

COUNSELOR JERRY B
카운슬러 제리B

That's the mentor we **set up with** 22.[2]
그는 22하고 우리가 짝지어 준 멘토인데.

TERRY
테리

All right, all right. **Easy on** the hysterics.[3] Terry's **got this under control**.[4] I'll handle it.
괜찮아. 괜찮아. 너무 과민 반응하지 마. 테리가 다 알아서 정리할 테니까. 내가 처리할게.

장면 파헤치기

구문 설명과 예문으로 이 장면의 핵심 표현을 완벽히 이해하세요.

❶ Terry time! 테리가 최고야!

보통 사람의 이름 뒤에 Time을 넣어서 쓰는 경우는 스포츠에서 특정 선수가 경기 특정 시간대나 구간에서 거의 신기에 가까운 경기력을 보일 때, 그리고 그런 현상이 자주 일어날 경우, 팬들이 그 특정 시간대/구간을 〈사람 이름 + Time〉으로 부른답니다.

* It's **Turner Time**! 드디어 터너가 빵빵 터뜨리네요!
* **Michael Time**! 드디어 마이클이 빵빵 터뜨리네요!

❷ That's the mentor we set up with 22. 그는 22하고 우리가 짝지어 준 멘토인데.

set (someone) up with (someone)는 '~를 ~와 짝지어 주다/자리를 마련해 주다/소개팅해 주다'라는 의미로 쓰이는 숙어예요. 같은 상황에서 비격식적으로 set 대신에 fix를 넣어서 fix (someone) up with (someone)라고 표현하기도 해요.

* **Set me up with** your little sister! 네 여동생하고 나하고 소개팅 시켜 주라!
* I'll **set you up** an appointment **with** another doctor. 다른 의사 선생님과 약속을 잡아드리겠습니다.

❸ Easy on the hysterics. 너무 과민 반응하지 마.

easy on ~는 '~에게 좀 살살해라/너무 심하게 ~하지 말아라'라는 의미의 명령형 표현이에요. 앞에 Be나 Go를 넣어서 Be/Go easy on ~ 형식으로도 쓰는데, 구어체에서는 be/go는 생략하는 경우가 많답니다. 같은 상황에서 Take it easy on ~ 패턴을 쓸 수도 있고요.

★영화 속 패턴 익히기

❹ Terry's got this under control. 테리가 다 알아서 정리할 테니까.

get/have something under control은 '~을 통제/제어한 상태에 두다'라는 의미예요. 반면, out of control은 '통제/제어를 벗어난'이라는 뜻이니까, under control이라고 하면 '뭔가가 잘 통제되고 있는' 상황을 연상하면 되겠어요.

* I **have everything under control**. 내가 모든 것을 다 잘 통제하고 있어.
* We need to **get this chaos under control**. 이 난장판을 통제해야만 한다.

영화 속 패턴 익히기

오늘 배운 장면에서 뽑은 핵심 패턴으로 다양한 표현을 만들어 보세요.

19-2.mp3

(Go/Be) easy on ~

~에게 좀 살살해라, 너무 심하게 ~하지 말아라.

Step 1 기본 패턴 연습하기

1 **Easy on** the salt, please. 소금은 조금만 넣어 주세요.

2 **Easy on** the ice, please. 얼음은 너무 많이 넣지 말아 주세요.

3 **Go easy on** your back. 너무 네 허리에 무리를 주지 말아라.

4 ______________________ dog. 내 강아지를 살살 좀 다뤄 주세요.

5 ______________________ yourself. 너 자신을 혹사하지 말아라.

Step 2 패턴 응용하기 | Take it easy on ~

1 **Take it easy on** me. 나에게 좀 살살해라.

2 **Take it easy on** the ketchup. 케첩은 너무 많이 넣지 말아 주세요.

3 **Take it easy on** your stomach. 위장을 혹사하지 말아라.

4 ______________________ the furniture. 가구들을 살살 다뤄 주세요.

5 ______________________ ankle. 발목을 혹사하지 말아라.

Step 3 실생활에 적용하기

A Let me put some sugar in your coffee.
B 야, 너무 많이 넣지 마.
A Sorry, I thought you'd like it sweet.

A 네 커피에 설탕 좀 넣을게.
B Hey, easy on the sugar.
A 미안, 난 네가 달게 먹는 걸 좋아하는 줄 알고.

정답 Step 1 4 Go easy on my 5 Be easy on Step 2 4 Take it easy on 5 Take it easy on your

확인학습

문제를 풀며 오늘 배운 표현을 완벽히 내 것으로 만드세요.

A | 영화 속 대화를 완성해 보세요.

COUNSELOR JERRY A You five ❶ ________________. And you twelve will be ❷ ________________.
너희 다섯은 정서적으로 불안정한 성격이 될 거야. 그리고 너희 열둘은 자아도취적인 성격이 될 거고.

COUNSELOR JERRY B We really ❸ ________________ so many through that pavilion— 저쪽으로 너무 많이 보내면 안 될 것 같은데—

TERRY Found him! 요놈 찾았다!

TERRY See that, everybody? Who ❹ ________________ why the count's off? That's right, Terry did! ❺ ________________!
이거 보여, 모두들? 왜 계산이 안 맞는지 누가 해결했지? 그래 맞아, 테리가 했지! 테리가 최고야!

COUNSELOR JERRY A Wow. Nice work! 우와, 정말 대단해!

COUNSELOR JERRY B Well, ❻ ________________? 대체 누구 때문에 그랬던 거야?

TERRY Right. Joe Gardner is his name. It looks like he's ❼ ________________ Earth. 그래, 그의 이름은 조 가드너야. 그가 다시 지구로 내려간 것 같아.

COUNSELOR JERRY A That's not good. 그건 안 좋은데.

COUNSELOR JERRY B That's the mentor we ❽ ________________ 22.
그는 22하고 우리가 짝지어 준 멘토인데.

TERRY All right, all right. ❾ ________________ the hysterics. Terry's ❿ ________________. I'll handle it. 괜찮아, 괜찮아.
너무 과민 반응하지 마, 테리가 다 알아서 정리할 테니까. 내가 처리할게.

B | 다음 빈칸을 채워 문장을 완성해 보세요.

1 얼음은 너무 많이 넣지 말아 주세요.
________________, please.

2 내 강아지를 살살 좀 다뤄 주세요.
________________ dog.

3 너 자신을 혹사하지 말아라.
________________ yourself.

4 가구들을 살살 다뤄 주세요.
________________ the furniture.

5 발목을 혹사하지 말아라.
________________ ankle.

정답 A

❶ will be insecure
❷ self-absorbed
❸ should stop sending
❹ figured out
❺ Terry time
❻ who is it
❼ back down on
❽ set up with
❾ Easy on
❿ got this under control

정답 B

1 Easy on the ice
2 Go easy on my
3 Be easy on
4 Take it easy on
5 Take it easy on your

Day 20

Joe Cat & Lollipop Lover 22

조 고양이 그리고 막대사탕 사랑꾼 22

머리에 생긴 대참사를[awful clipper disaster] 해결하기 위해 데즈의 이발소에 간 22와 조. 22는 조의 친구들 앞에서 자기가 조인 척하는 게 바짝 긴장되네요. 그의 상태를 본 데즈는 깜짝 놀라며[taken aback] 어찌 된 일인지 묻습니다. 조의 코치로 22는 도로테아와의 공연 준비 때문에 정신 팔다[distracted] 생긴 사고라고 둘러댔는데, 이에 이발사 데즈는 진심 어린 축하를 보냅니다. 그런데 손님 중 한 명인 폴의 반응이 영 시원찮네요. 조와 뭔가 악연이[bad relationship] 있는지 축하는커녕 뭔가 못마땅한 듯 조의 연주 실력을 폄하합니다[diminish]. 오늘은 조의 모습을 한 22와 데즈가 평소와는 다른 내용의 대화를 나누네요.

Warm Up! 오늘 배울 표현

오늘 등장하는 표현들입니다. 어떤 표현이 들어가야 할지 생각해 보세요.

* I ______ getting ready to play with Dorothea Williams tonight.
  오늘 밤에 도로테아 윌리엄스와 공연하는 것 준비하느라 정신이 팔려서 그랬다고.
* You know he's ______. 막판에 떨어질 거라고.
* ______. 좋을 대로 해.
* ______. 네가 대장이니까.

바로 이 장면!

오디오 파일을 듣고 3번 따라 말해보세요. 20-1.mp3

DEZ 데즈
Should I even ask you how this happened?
대체 어쩌다가 이렇게 됐는지 물어봐도 되나?

22 22
The cat did it.
이 고양이가 이런 거야.

JOE 조
Stop sounding insane.
정신 나간 소리 좀 그만해.

22 22
I mean, I **was distracted** getting ready to play with Dorothea Williams tonight.[1]
아니 내 말은, 오늘 밤에 도로테아 윌리엄스와 공연하는 것 준비하느라 정신이 팔려서 그랬다고.

DEZ 데즈
Dorothea Williams?! That's big time, Joe! Congratulations!
도로테아 윌리엄스라고?! 와 엄청난데, 조! 축하해!

PAUL 폴
Joe ain't getting no gig, Dez. You know he's **Mr. Close-But-No-Cigar**.[2]
조는 공연 못해, 데즈. 막판에 떨어질 거라고.

JOE 조
Psh. This guy.
아유. 이 자식이.

DEZ 데즈
Joe, ignore him. Now, let's fix you up.
조, 그냥 무시해. 자, 이 머리를 해결해 보자고.

DEZ 데즈
You keeping that cat on your lap?
그 고양이는 무릎에 계속 안고 있을 건가?

22 22
Is it okay that I do that?
그래도 괜찮으려나?

DEZ 데즈
Suit yourself.[3] **You're the boss.**[4]
좋을 대로 해. 네가 대장이니까.

장면 파헤치기

구문 설명과 예문으로 이 장면의 핵심 표현을 완벽히 이해하세요.

❶ I **was distracted** getting ready to play with Dorothea Williams tonight.

오늘 밤에 도로테아 윌리엄스와 공연하는 것 준비하느라 정신이 팔려서 그랬다고.

〈be동사 + distracted〉는 '산만하다, 정신이 팔리다, 정신이 없다'라는 의미인데, 여기에서는 be동사를 과거형으로 써서 패턴 연습을 해볼게요. 주어도 바꿔가며 다양하게 활용하겠습니다. ★영화 속 패턴 익히기

❷ You know he's **Mr. Close-But-No-Cigar.** 막판에 떨어질 거라고.

close-but-no-cigar는 '성공/목표치에 가깝지만 완전하게 그에 이르지는 못하는'이라는 뜻으로, 될 듯하면서도 결국 원하는 수준까지는 이르지 못하는 사람이나 상황에 대해 묘사할 때 쓰는 관용표현이에요. 1900년대 초반에 미국에서 축제(카니발)를 하면 사람들이 뽑기 놀이를 많이 했는데, 그때 상품으로 Cigar(시가/여송연)를 줬다고 하네요. 뽑기 놀이를 하면서 아슬아슬하게 시가를 못 받는 상황에 빗댄 표현이 바로 close-but-no-cigar랍니다. 여기서는 폴이 '조가 (오디션 삼아) 연주는 해도 결국 밴드 정식 단원은 못되고 똑 떨어질 것'이라고 폄하하고 있네요.

* This is a case of **close, but no cigar.** 될 뻔했으나 결국은 성공하지 못한 경우이다.
* **Close-but-no-cigar** is not good enough in this league.
  잘하긴 하는데 최고가 아닌 사람은 이 리그에 들어오기에는 부족해.

❸ **Suit yourself.** 좋을 대로 해.

내가 원하는 대로 하지 않고 자신이 원하는 대로 결정하려고 하는 상대방에게 '그럼 네 맘대로 해라, 네가 좋을 대로 해라'라는 의미로 쓰는 표현이에요.

* **Suit yourself.** I'm not going to argue about it. 네 맘대로 해라. 논쟁 안 할 테니까.
* Fair enough. **Suit yourself.** 그래 알겠다. 너 좋을 대로 해라.

❹ **You're the boss.** 네가 대장이니까.

이 표현은 지금 주도권을 쥔 사람은 너니까 다른 사람 눈치 보지 말고 네가 원하는 대로 알아서 결정하라고 말할 때 쓰는 표현이에요. 서비스 업종의 직원이 고객을 응대하며 이 표현을 쓸 때는 '손님이 왕이다'라는 개념과 비슷하게 볼 수도 있겠네요.

* Don't ask me. **You're the boss.** 나한테 묻지 마. 네가 대장이잖아.
* **You're the boss.** We are just the support. 당신이 대장이에요. 우리는 단지 지원해 주는 사람들이지요.

 오늘 배운 장면에서 뽑은 핵심 패턴으로 다양한 표현을 만들어 보세요.

20-2.mp3

I was distracted ~
~하느라 정신이 없었다, ~때문에 정신이 팔려 있었다.

Step 1 기본 패턴 연습하기

1 **I was distracted** by you. 너 때문에 정신이 없었잖아.

2 **I was distracted** by the noise. 소음 때문에 정신이 없었어.

3 **I was distracted** watching the video. 그 영상 보느라 정신이 팔려 있었어.

4 ______________________ ready for a meeting. 회의 준비하느라 정신이 없었다.

5 ______________________ ping-pong with my son. 아들하고 탁구 치느라 정신이 팔려 있었어.

Step 2 패턴 응용하기 | 주어 + was/were distracted ~

1 Jerome **was distracted** cooking. 제롬은 요리하느라 정신이 없었다.

2 They **were distracted** taking care of my daughter. 그들이 제 딸을 돌봐 주느라 정신이 없었어요.

3 We **were distracted** reading the sign. 표지판을 읽느라 정신이 없었어요.

4 Tina ______________________ the commotion across the street.
티나는 길 건너편에서 일어난 소동에 정신이 팔려 있었다.

5 David ______________________ to his manager at the time.
데이비드는 그때 자기 매니저하고 이야기하느라 정신이 없었어.

Step 3 실생활에 적용하기

A Are you listening to me or not?
B 죄송해요, 다른 것 생각하느라 정신이 팔려 있었어요.
A You'd better listen to me or I'll ground you!

A 내 얘기 듣고 있는 거니, 아니니?
B Sorry, I was distracted thinking about something else.
A 내 얘기 잘 듣는 게 좋을 거야, 안 그러면 너 외출 금지 시킬 거야!

정답 Step 1 4 I was distracted getting 5 I was distracted playing Step 2 4 was distracted by 5 was distracted talking

확인학습

문제를 풀며 오늘 배운 표현을 완벽히 내 것으로 만드세요.

A | 영화 속 대화를 완성해 보세요.

DEZ Should I even ask you ❶ ____________________?
대체 어쩌다가 이렇게 됐는지 물어봐도 되나?

22 ❷ ____________________. 이 고양이가 이런 거야.

JOE Stop sounding insane. 정신 나간 소리 좀 그만해.

22 I mean, I ❸ ____________________ getting ready to play with Dorothea Williams tonight.
아니 내 말은, 오늘 밤에 도로테아 윌리엄스와 공연하는 것 준비하느라 정신이 팔려서 그랬다고.

DEZ Dorothea Williams?! That's ❹ ____________________, Joe! Congratulations! 도로테아 윌리엄스라고?! 와 엄청난데, 조! 축하해!

PAUL Joe ain't getting no gig, Dez. You know he's ❺ ____________________
____________________. 조는 공연 못해, 데즈. 막판에 떨어질 거라고.

JOE Psh. This guy. 아유, 이 자식이.

DEZ Joe, ❻ ____________________. Now, ❼ ____________________.
조, 그냥 무시해. 자, 이 머리를 해결해 보자고.

DEZ You keeping that cat ❽ ____________________?
그 고양이는 무릎에 계속 안고 있을 건가?

22 Is it okay that I do that? 그래도 괜찮으려나?

DEZ ❾ ____________________. ❿ ____________________.
좋을 대로 해. 네가 대장이니까.

정답 A

❶ how this happened
❷ The cat did it
❸ was distracted
❹ big time
❺ Mr. Close-But-No-Cigar
❻ ignore him
❼ let's fix you up
❽ on your lap
❾ Suit yourself
❿ You're the boss

B | 다음 빈칸을 채워 문장을 완성해 보세요.

1 그 영상 보느라 정신이 팔려 있었어.
____________________ watching the video.

2 회의 준비하느라 정신이 없었다.
____________________ ready for a meeting.

3 아들하고 탁구 치느라 정신이 팔려 있었어.
____________________ ping-pong with my son.

4 티나는 길 건너편에서 일어난 소동에 정신이 팔려 있었다.
Tina ____________________ the commotion across the street.

5 데이비드는 그때 자기 매니저하고 이야기하느라 정신이 없었어.
David ____________________ to his manager at the time.

정답 B

1 I was distracted
2 I was distracted getting
3 I was distracted playing
4 was distracted by
5 was distracted talking

Day 21

Dez, the Barber's Dream

이발사 데즈의 꿈

22에게 사람을 끄는 묘한 매력이[attraction] 있는지 그녀의 오랜 영혼살이 얘기에 데즈와 이발소 손님들은 푹 빠져들었네요[listen intently]. 이발 장인 데즈의 사연 또한 마음을 울립니다. 이발사가 천직인지 알았던 데즈도 과거엔 수의사[veterinarian] 꿈을 꿨지만, 딸이 아파서 결국 돈 때문에 지금 일을 하게 된 사연이죠. 모처럼의 인생 얘기에 관계가 더 돈독해진 것[close relationship] 같네요. 늘 조를 깎아내리던 폴의 말에 22가 무심코[inadvertent] 반격하고 정곡에 찔린 폴은 도망치듯 이발소를 나옵니다. 조와 22을 쫓아 지구에 내려온 회계사 테리는 폴과 화해하는 조를 발견하고 함정을 준비합니다. 그런데 함정에 걸려든 이는 조가 아닌 폴! 웁스, 완벽주의 테리도 실수를 하는군요[make a mistake].

Warm Up! 오늘 배울 표현

오늘 등장하는 표현들입니다. 어떤 표현이 들어가야 할지 생각해 보세요.

* Wait, but... you ______________ a barber. 잠깐, 하지만… 자넨 이발사가 천직이잖아.
* Whoah, whoa, ______________ there, Joe. 워, 워, 그렇게 급하게 결론짓지 말게, 조.
* I'm ______________, my man. 난 엄청 행복해, 이 친구야.
* You are not ______________. 네가 그렇게 잘난 인간은 아니니까.

바로 이 장면!

오디오 파일을 듣고 3번 따라 말해보세요. 21-1.mp3

22
22

Wait, but... you **were born to be** a barber.[1] Weren't you?
잠깐, 하지만··· 자넨 이발사가 천직이잖아. 아니었나?

DEZ
데즈

I wanted to be a veterinarian.
난 수의사가 되는 게 꿈이었어.

22
22

So, why didn't you do that?
그러면 왜 그걸 안 한 건데?

DEZ
데즈

I was planning to. When I got out of the Navy. And then my daughter got sick, and... barber school is a lot cheaper than veterinarian school.
하려고 했었지. 해군 복무를 마쳤을 때는. 그런데 내 딸이 아팠고··· 미용 학교가 수의사 학교보다 훨씬 더 돈이 덜 들었거든.

22
22

That's too bad. You're stuck as a barber and now you're unhappy.
정말 안됐군. 평생 이발사로 일하게 되어서 불행하겠네.

DEZ
데즈

Whoah, whoa, **slow your roll** there, Joe.[2] I'm **happy as a clam**, my man.[3] Not everyone can be Charles Drew inventing blood transfusions.
워, 워, 그렇게 급하게 결론짓지 말게, 조. 난 엄청 행복해, 이 친구야. 모든 사람이 다 찰스 드류처럼 수혈 기기를 발명할 수 있는 것은 아니잖나.

22
22

...or me, playing piano with Dorothea Williams. I know.
···나 역시도, 도로테아 윌리엄스와 피아노를 칠 수 있는 건 아니지. 나도 알아.

PAUL
폴

Haha. You are not **all that**.[4] Anyone could play in a band if they wanted to.
하하. 네가 그렇게 잘난 인간은 아니니까. 누구나 다 그냥 밴드에서 연주하는 건 할 수 있지.

JOE
조

Don't pay Paul any mind. People like him just bring other people down so they can make themselves feel better.
폴은 신경 쓰지 마. 저런 인간들은 자기가 더 나은 사람처럼 느끼려고 다른 사람들을 깔아뭉개는 거니까.

장면 파헤치기

구문 설명과 예문으로 이 장면의 핵심 표현을 완벽히 이해하세요.

❶ Wait, but... you **were born to be** a barber. 잠깐, 하지만… 자넨 이발사가 천직이잖아.

〈be동사 + born to be ~〉는 '~는 ~가 되기 위해 태어났다/~에겐 ~가 천직이다'라는 의미로 쓸 수 있는 패턴 표현이에요. 위의 문장에서는 '너는 원래 이발사가 되기 위해 태어났던 사람이잖아, 아니니?'라는 의미이기 때문에 be동사를 과거형으로 썼네요. 우리는 현재형으로 써서 연습하고, 뒤에 나오는 동사를 바꿔가면서 활용해 볼게요.

★ 영화 속 패턴 익히기

❷ Whoah, whoa, **slow your roll** there, Joe. 워, 워, 그렇게 급하게 결론짓지 말게, 조.

slow your roll은 '너무 빨리 진행하지 말아라/성급하게 결론짓지 말아라'라는 뜻이에요. 이 표현의 어원을 보면 원래는 roll '굴리기'가 아니라 row가 들어간 표현이었다고 하네요. row는 '(배를 젓는) 노'를 뜻하는데, Slow your row!는 '노를 천천히 저어라'라는 뜻으로, 예전에 배를 젓는 노예들에게 '너무 서두르지 말라'는 의미로 썼다고 하네요.

* Whoa, **slow your roll** there. We won only one race. 워, 너무 앞서가지 마. 우리 이제 겨우 한 경기 이긴 거야.
* Whoa, **slow your roll**, man. So you are telling me she is not your sister?
  워, 잠깐만 천천히 좀 얘기해 봐. 그러니까 그녀가 네 여동생이 아니라는 얘기야?

❸ I'm **happy as a clam**, my man. 난 엄청 행복해, 이 친구야.

원래 happy as a clam at a high tide '만조 때 조개만큼 행복하다'인데 그것을 줄인 표현이에요. 조개는 바다의 물이 빠지는 썰물/간조 low tide 때가 되면 사람들에게 잡힐까 봐 불안해하지만, 물이 밀려드는 밀물/만조 high tide 때는 사람들에게 잡힐 걱정이 없으니까 행복하다는 거네요.

* Pam is as **strong as an ox**. 팸은 황소만큼 힘이 세다.
* Isaak is as **sly as a fox**. 이삭은 여우처럼 교활해.

❹ You are not **all that**. 네가 그렇게 잘난 인간은 아니니까.

〈인칭대명사 + be동사 + all that〉 형식의 문장은 '~는 대단한/잘나가는 사람이다'라는 뜻이에요. all that을 '모든 것을 다 갖춘 완벽한/대단한'이라는 뜻으로 이해하시면 되겠어요.

* Do you really think you are **all that**? 넌 정말 네가 그렇게 잘났다고 생각하니?
* She thinks she's **all that**. 그녀는 그녀가 엄청 대단한 사람이라고 생각해.

영화 속 패턴 익히기

오늘 배운 장면에서 뽑은 핵심 패턴으로 다양한 표현을 만들어 보세요.

21-2.mp3

주어 + be동사 + born to be ~ ~는 ~가 되려고 태어났다, ~에겐 ~이 천직이다.

Step 1 기본 패턴 연습하기

1 **I was born to be** a soldier. 난 군인이 되려고 태어났어.

2 **Stacy was born to be** a dancer. 스테이시는 댄서가 되려고 태어났어.

3 **Tyra was born to be** a model. 타이라는 모델이 되려고 태어났어.

4 Yolanda ______________________. 욜란다는 마술사가 천직이야.

5 ______________________ loved. 너는 사랑받기 위해 태어난 사람이야.

Step 2 패턴 응용하기 | 주어 + be동사 + born to + 동사원형

1 **I'm born to** run. 난 달리기 위해 태어났어.

2 **We're born to** make history. 난 역사를 이루기 위해 태어났다.

3 **She's born to** be a star. 그녀는 스타가 되려고 태어났어.

4 ______________________ soccer. 그는 축구를 하기 위해 태어난 사람이야.

5 ______________________ be alone. 세상 그 누구도 홀로 살기 위해 태어난 사람은 없어.

Step 3 실생활에 적용하기

A Do you think I'm a good singer?

B What are you talking about? 넌 가수가 되려고 태어난 애야.

A Thanks. I needed that.

A 넌 내가 노래를 잘하는 것 같니?

B 무슨 소리야? You're born to be a singer.

A 고맙다. 그런 말이 꼭 듣고 싶었어.

정답 Step 1 4 was born to be a magician 5 You were born to be Step 2 4 He is born to play 5 No one is born to

확인학습

문제를 풀며 오늘 배운 표현을 완벽히 내 것으로 만드세요.

A | 영화 속 대화를 완성해 보세요.

22 Wait, but... you ❶ ________________ a barber. Weren't you? 잠깐, 하지만… 자넨 이발사가 천직이잖아. 아니었나?

DEZ I wanted to ❷ ________________. 난 수의사가 되는 게 꿈이었어.

22 So, ❸ ________________? 그러면 왜 그걸 안 한 건데?

DEZ I was planning to. When I got out of the Navy. And then ❹ ________________, and... barber school is a lot cheaper than veterinarian school. 하려고 했었지. 해군 복무를 마쳤을 때는. 그런데 내 딸이 아팠고… 미용 학교가 수의사 학교보다 훨씬 더 돈이 덜 들었거든.

22 That's too bad. You're ❺ ________________ and now you're unhappy. 정말 안됐군. 평생 이발사로 일하게 되어서 불행하겠네.

DEZ Whoah, whoa, ❻ ________________ there, Joe. I'm ❼ ________________, my man. Not everyone can be Charles Drew inventing blood transfusions. 워, 워. 그렇게 급하게 결론짓지 말게. 조. 난 엄청 행복해, 이 친구야. 모든 사람이 다 찰스 드류처럼 수혈 기기를 발명할 수 있는 것은 아니잖나.

22 ...or me, ❽ ________________ Dorothea Williams. I know. …나 역시도, 도로테아 윌리엄스와 피아노를 칠 수 있는 건 아니지. 나도 알아.

PAUL Haha. You are not ❾ ________________. Anyone could play in a band if they wanted to. 하하. 네가 그렇게 잘난 인간은 아니니까. 누구나 다 그냥 밴드에서 연주하는 건 할 수 있지.

JOE Don't pay Paul any mind. People like him just ❿ ________________ so they can make themselves feel better. 폴은 신경 쓰지 마. 저런 인간들은 자기가 더 나은 사람처럼 느끼려고 다른 사람들을 깔아뭉개는 거니까.

B | 다음 빈칸을 채워 문장을 완성해 보세요.

1 타이라는 모델이 되려고 태어났어.
________________ a model.

2 욜란다는 마술사가 천직이야.
Yolanda ________________.

3 너는 사랑받기 위해 태어난 사람이야.
________________ loved.

4 그는 축구를 하기 위해 태어난 사람이야.
________________ soccer.

5 세상 그 누구도 홀로 살기 위해 태어난 사람은 없어.
________________ be alone.

정답 A

❶ were born to be
❷ be a veterinarian
❸ why didn't you do that
❹ my daughter got sick
❺ stuck as a barber
❻ slow your roll
❼ happy as a clam
❽ playing piano with
❾ all that
❿ bring other people down

정답 B

1 Tyra was born to be
2 was born to be a magician
3 You were born to be
4 He is born to play
5 No one is born to

Day 22

No Such Thing as Jazzing

세상에 없는 말, 재즈하는 것

조 대신 실수로 림보(지옥의 변방)에 폴을 데려간 테리는 잔뜩 겁에 질린[horrified] 그를 달래며 사태를 수습하려고 합니다[tries to make things right]. 과자 좀 그만 먹으라는 충고와 함께요. 헤어스타일도 멋지게 변신했고 폴과도 사탕 화해를 한 조와 22는 한결 가벼운 마음으로 하프노트를 향해 갑니다. 22가 지하철 환풍구[subway grate]에서 나오는 바람을 즐기다 모자가 휙 벗겨져 날아가 버렸네요[hat blows off and flies]. 그것을 무리해서 주우려다[pick it up] 아까부터 꽉 조였던 바지가 부욱 찢어지고[rip] 말았어요. 시간이 늦어 수선집 문은 닫았고, 공연 시간은 다가오고 이를 어쩌죠? 불현듯 떠오른 생각, 엄마의 양장점을 찾아가는 수밖에 없네요. 공연을 한다면 엄마가 싫어할 게 뻔하고 학교 밴드 연주회가[a school band recital] 있다는 거짓말하기로 마음먹고 양장점으로 출발합니다.

Warm Up! 오늘 배울 표현

오늘 등장하는 표현들입니다. 어떤 표현이 들어가야 할지 생각해 보세요.

* ______. 뭐 큰 피해는 없었으니, 반칙은 아니지.
* I'm thinking there's no reason we can't ______, eh?
  이 일은 우리끼리만 알고 있는 걸로 할 수 없는 건 아니겠지, 응?
* ______. 실수할 수도 있는 거잖아.
* How did you know how to ______ Paul? 폴에게 대처하는 방법을 어떻게 안거야?

바로 이 장면!

오디오 파일을 듣고 3번 따라 말해보세요. 22-1.mp3

TERRY 테리

There ya go. **No harm, no foul.**[1]
자 이제 됐네. 뭐 큰 피해는 없었으니, 반칙은 아니지.

TERRY 테리

Oh, boy.
오, 이런.

TERRY 테리

Look, fella. I'm thinking there's no reason we can't **keep this little incident between us**, eh?[2] **Mistakes happen.**[3] And uh, it's not your time. Unless you keep eating those processed foods, am I right? Ha!
이봐, 친구. 이 일은 우리끼리만 알고 있는 걸로 할 수 없는 건 아니겠지, 응? 실수할 수도 있는 거잖아. 그리고, 아직 네 때가 아니야. 네가 그 가공식품들을 계속 먹지만 않는다면 말이야, 그지? 하!

TERRY 테리

But seriously, stay away from those processed foods.
근데 진짜로, 그 가공식품들 멀리하라구.

JOE 조

You know what, you did all right back there. How did you know how to **deal with** Paul?[4]
근데 말이지, 너 아까 괜찮더라. 폴에게 대처하는 방법을 어떻게 안거야?

22 22

I didn't. I just let out the Me. Hey, like you said about jazz! I was jazzing!
몰랐어. 난 그저 나를 분출했을 뿐이야. 어, 네가 재즈에 대해 말했던 것처럼! 내가 재즈한 거지!

JOE 조

First of all, "jazzing" is not a word. And second, music and life operate by very different rules.
먼저, '재즈하다'라는 단어는 없어. 그리고 두 번째, 음악과 인생은 다른 규칙으로 작용해.

장면 파헤치기

구문 설명과 예문으로 이 장면의 핵심 표현을 완벽히 이해하세요.

❶ **No harm, no foul.** 뭐 큰 피해는 없었으니, 반칙은 아니지.

no harm no foul은 '손해가 없으니 반칙도 아니다'라는 의미예요. 이 말을 조금 더 풀어서 해석하면, '(큰 피해가 생긴 것은 아니니) 괜찮다/걱정하지 말아라'라는 의미가 되지요. 상대방이 잘못한 일에 대해서 사과할 때 '괜찮다'는 대답으로 주로 쓰는 표현인데, 위의 대본에서는 내가 한 실수에 대해서 사과하는 상황에 썼네요.

* **No harm, no foul.** We're cool. 별 피해가 없었으니 괜찮아. 우리 사이엔 문제없어.
* I understand completely. **No harm, no foul.** 전적으로 이해해. 별 피해도 없으니 괜찮아.

❷ I'm thinking there's no reason we can't **keep this little incident between us**, eh?

이 일은 우리끼리만 알고 있는 걸로 할 수 없는 건 아니겠지, 응?

keep something between us (또는 you and me)는 '우리 둘 사이에서만 알고 있도록 하자'라는 뜻으로, 즉 '우리끼리의 비밀로 하자'라는 의미가 되지요.

* Can you **keep it between us**? 우리끼리만의 비밀로 해 줄 수 있니?
* We decided to **keep what happened between us.** 그 일에 대해서는 우리끼리만 알고 있는 것으로 결정했다.

❸ **Mistakes happen.** 실수할 수도 있는 거잖아.

'당연히 ~은 일어날 수밖에 없다, 원래 ~가 발생하는 것이 자연스러운 일이다'라는 의미로 〈주어 + happen〉을 쓸 수 있어요. 아주 많이 쓰이지는 않을지 몰라도 이런 뉘앙스의 표현을 쓰고 싶을 때는 단순 명료하고 유용하게 쓸 수 있는 표현이랍니다.

* **Things happen.** 뭐 그런 일도 있는 거지.
* **Mistakes will happen.** 앞으로 실수는 일어나게 마련이야.

❹ How did you know how to **deal with** Paul? 폴에게 대처하는 방법을 어떻게 안거야?

deal with ~는 '~을 처리하다/다루다, ~에 대처하다'라는 뜻으로 쓰이는 숙어예요. 평상시에 굉장히 자주 쓰이는데 한국어로 바로 번역이 되는 표현이 아니다 보니 쉽게 활용을 못 하는 표현 중의 하나이죠. 비슷한 상황에서 쓸 수 있는 cope with도 함께 알아두세요.

★ 영화 속 패턴 익히기

영화 속 패턴 익히기

오늘 배운 장면에서 뽑은 핵심 패턴으로 다양한 표현을 만들어 보세요.

22-2.mp3

~ know how to deal with ~

~을 (~에 대해) 어떻게 다뤄야/처리해야/대처해야 하는지 알다.

Step 1 기본 패턴 연습하기

1 I don't **know how to deal with** my depression. 내 우울감에 대해서 어떻게 해야 할지 모르겠어.

2 My parents **know how to deal with** each other. 우리 부모님은 서로를 대하는 방법을 아신다.

3 My boss would **know how to deal with** this client. 내 상사는 이 고객을 어떻게 상대해야 할지 알 거야.

4 ______________________ a bully? 학급에서 괴롭히는 학생을 어떻게 대해야 하는지 아니?

5 ______________________ it. 그것을 어떻게 처리해야 하는지 아무도 모른다.

Step 2 패턴 응용하기 | ~ know how to cope with ~

1 I don't **know how to cope with** these feelings. 이런 감정에는 어떻게 대처해야 할지 모르겠어.

2 I **know how to cope with** pressure. 난 압박감에 대처하는 방법을 알지.

3 Not many people **know how to cope with** the loss of a pet.
반려동물이 죽었을 때 어떻게 마음을 다스려야 하는지 아는 사람은 많지 않다.

4 ______________________ change. 우리는 변화에 대처하는 방법을 모른다.

5 How ______________________ it so well? 그는 이 일에 그토록 잘 대처하는 방법을 어떻게 아는 거지?

Step 3 실생활에 적용하기

A I don't know what to do with him anymore.
B 독이 되는 친구를 처리하는 방법을 알아야만 해.
A I really wish I did.

A 그에 대해서 더 이상 뭘 어떻게 해야 할지 모르겠어.
B You should know how to deal with a toxic friend.
A 나도 그럴 수 있다면 정말 좋겠다.

정답 Step 1 4 Do you know how to deal with 5 No one knows how to deal with Step 2 4 We don't know how to cope with 5 does he know how to cope with

확인학습

문제를 풀며 오늘 배운 표현을 완벽히 내 것으로 만드세요.

A | 영화 속 대화를 완성해 보세요.

TERRY There ya go. ❶ ________________.
지 이제 됐네. 뭐 큰 피해는 없었으니, 반칙은 아니지.

TERRY Oh, boy. 오, 이런.

TERRY Look, fella. I'm thinking there's no reason we can't ❷ ________________, eh? ❸ ________________. And uh, it's ❹ ________________. Unless you keep eating those processed foods, am I right? Ha! 이봐, 친구. 이 일은 우리끼리만 알고 있는 걸로 할 수 없는 건 아니겠지, 응? 실수할 수도 있는 거잖아. 그리고, 아직 네 때가 아니야. 네가 그 가공식품들을 계속 먹지만 않는다면 말이야, 그지? 하!

TERRY But seriously, ❺ ________________ those processed foods. 근데 진짜로, 그 가공식품들 멀리하라구.

JOE You know what, you ❻ ________________ there. How did you know how to ❼ ________________ Paul?
근데 말이지, 너 아까 괜찮더라. 폴에게 대처하는 방법을 어떻게 안거야?

22 I didn't. I just ❽ ________________ the Me. Hey, like you ❾ ________________ jazz! I was jazzing!
몰랐어. 난 그저 나를 분출했을 뿐이야. 어, 네가 재즈에 대해 말했던 것처럼! 내가 재즈한 거지!

JOE First of all, "jazzing" is ❿ ________________. And second, music and life operate by very different rules.
먼저, '재즈하다'라는 단어는 없어. 그리고 두 번째, 음악과 인생은 다른 규칙으로 작용해.

정답 A

❶ No harm, no foul
❷ keep this little incident between us
❸ Mistakes happen
❹ not your time
❺ stay away from
❻ did all right back
❼ deal with
❽ let out
❾ said about
❿ not a word

B | 다음 빈칸을 채워 문장을 완성해 보세요.

1 내 상사는 이 고객을 어떻게 상대해야 할지 알 거야.
My boss ________________ this client.

2 학급에서 괴롭히는 학생을 어떻게 대해야 하는지 아니?
________________ a bully?

3 그것을 어떻게 처리해야 하는지 아무도 모른다.
________________ it.

4 우리는 변화에 대처하는 방법을 모른다.
________________ change.

5 그는 이 일에 그토록 잘 대처하는 방법을 어떻게 아는 거지?
How ________________ it so well?

정답 B

1 would know how to deal with
2 Do you know how to deal with
3 No one knows how to deal with
4 We don't know how to cope with
5 does he know how to cope with

Day 23

Every Day the Same Thing

매일 똑같은 일상

찢어진 양복바지를 수선하기[fix] 위해 엄마의 가게로 가는 길, 조와 22는 지하철을 탑니다. 지하철을 처음 경험해 본 22는 플랫폼에서 노래 부르는 버스커에게 감명받고, 흔들리는 복잡한[crowded] 지하철도[the train moves] 그저 흥미롭고 신기할 뿐입니다. 똑같은 일상에 지치고[worn out] 피곤에 찌든 현대인들의 마음을 22가 알기나 할까요. 긴장한[nervous] 마음으로 엄마의 양장점에 도착한 조와 22. 그런데 웬걸? 양장점에서 일하는 분들도 이미 조의 연주회 소식을 알고 있네요. 그렇다면 엄마도 이미 알고 있다는 말이겠죠?

Warm Up! 오늘 배울 표현

오늘 등장하는 표현들입니다. 어떤 표현이 들어가야 할지 생각해 보세요.

* All the times I've been so ________ getting to my dreams...
  내 꿈을 거의 이루게 된 순간이 올 때마다 늘…
* Something always ________. 뭔가가 항상 가로막더라고.
* It ________. 사람들을 지치게 만들지.
* Every day the same thing, ________. 매일 똑같은 일상, 하루도 빠짐없이.

바로 이 장면!

오디오 파일을 듣고 3번 따라 말해보세요. 23-1.mp3

JOE 조
All the times I've been so **close to** getting to my dreams...[1] something always **gets in the way**.[2] You know what I mean?
내 꿈을 거의 이루게 된 순간이 올 때마다 늘… 뭔가가 항상 가로막더라고. 무슨 말인지 알지?

22 22
He's good. I've heard music before. But I've never felt like this inside.
잘하네. 나도 전에 음악을 들어봤지. 하지만 마음에서 이런 기분이 느껴진 적은 없었어.

JOE 조
Of course you love music now. Because you're ME. Let's go. Let's go!
당연히 지금은 네가 음악을 사랑하겠지. 왜냐하면 네가 나니까. 빨리 가자. 가자고!

JOE 조
Let's go!
어서 가자!

22 22
Whoah! Ahh!
워아! 아아!

22 22
Woahahaho! Ha ha!
워아하하호! 하하!

COMMUTER 승객
Hey! Take it easy, eh?
이봐요! 좀 진정하시죠, 네?

22 22
I'm sorry!
죄송해요!

JOE 조
Don't worry about it. It's the subway. It does that to some people.
걱정 마. 지하철이라서 그래. 지하철이 사람들을 저렇게 만들어.

22 22
Does what?
저렇게 만들다니?

JOE 조
It **wears you down**.[3] It stinks. It's hot. It's crowded. Every day the same thing, **day in and day out**.[4] But once I get on that stage tonight, all my troubles are going to be fixed. You're gonna see a brand new Joe Gardner.
사람들을 지치게 만들지. 고약한 냄새도 나고, 덥고, 사람도 많고. 매일 똑같은 일상, 하루도 빠짐없이. 하지만 오늘 밤에 그 무대에 서기만 하면, 내 모든 문제가 해결될 거야. 완전 새로운 조 가드너를 보게 될 거라고.

장면 파헤치기

구문 설명과 예문으로 이 장면의 핵심 표현을 완벽히 이해하세요.

❶ All the times I've been so **close to** getting to my dreams... 내 꿈을 거의 이루게 된 순간이 올 때마다 늘…

close to는 기본적으로 '~에 가까운'이라는 의미로 쓰이지만, 문맥에 따라서는 '거의 ~할 뻔한'이라고 해석되는 경우도 많답니다. 어떤 결과에 거의 이르렀는데 아깝게 끝까지 도달하지 못했을 때 쓰는 표현이에요.

* I was so **close to** winning. 완전 거의 이길 뻔했는데.
* We were so **close to** catching him. 그를 정말 거의 잡을 뻔했었다.

❷ Something always **gets in the way**. 뭔가가 항상 가로막더라고.

get in the way 또는 get in one's way는 '가로막다/방해하다'라는 의미로 쓰이는 숙어예요. 말 그대로 way '길' 앞에 get in '들어서다'라는 뜻이니까, 길을 가로막고 서서 방해하고 있는 상황을 연상하면서 외워주세요.

* Nothing will **get in the way** of my goals. 내 목표를 이루는데 그 무엇도 가로막지 못할 것이다.
* Don't let anything **get in the way** of your dreams. 네 꿈을 이루는데 그 무엇도 가로막지 못하게 해라.

❸ It **wears you down**. 사람들을 지치게 만들지.

wear something/someone down은 '마모시키다, 닳게 하다, (계속되는 압박으로) ~을 약화시키다'라는 의미의 숙어예요. 사람을 wear down한다고 하면 '지치게 만든다'는 뜻으로 해석하면 가장 자연스러울 거예요. 상황에 맞게 자연스럽게 해석하면 좋겠네요.

* This company **wore me down**. 이 회사가 나를 닳게(지치게) 했어.
* By holding out, I finally **wore them down**. 저항하고 버텨서 마침내 그들을 지치게 했다.

❹ Every day the same thing, **day in and day out**. 매일 똑같은 일상, 하루도 빠짐없이.

day in and day out은 '하루 들어가고 하루 나가고', '해가 뜨고, 해가 지고', 즉 '매일, 계속 끊임없이'라는 의미예요. 반복적으로 day를 넣으므로 해서 뭔가가 계속해서 반복되고 있다는 어감이 강한 표현이지요. 비슷한 상황에서 every single day라는 표현도 많이 써요.

★ 영화 속 패턴 익히기

영화 속 패턴 익히기

오늘 배운 장면에서 뽑은 핵심 패턴으로 다양한 표현을 만들어 보세요.

23-2.mp3

~ day in and day out 매일, 하루도 빠짐없이

Step 1 기본 패턴 연습하기

1 I do the same things **day in and day out**. 하루도 빠짐없이 매일 똑같은 일을 한다.

2 You wear the same tie **day in and day out**. 너는 매일 똑같은 넥타이를 매는구나.

3 My dad works **day in and day out**. 우리 아버지는 하루도 빠짐없이 일해.

4 I'm tired of watching ______________________. 이거 매일 보는 것도 질린다.

5 Everyone's disgusted to be hearing the ____________________________.
하루도 빠짐없이 매일 똑같은 뉴스 듣는 것에 사람들이 넌더리를 낸다.

Step 2 패턴 응용하기 | ~ every single day

1 I've been working out **every single day**. 난 매일 운동을 해.

2 I miss you **every single day**. 하루도 빠짐없이 널 그리워해.

3 I dream of it all day **every single day** of my life. 평생 하루도 빠짐없이 온종일 그것을 꿈꾼다.

4 Keep this ______________________. 이것을 매일 기억해라.

5 We used to play ______________________. 우린 예전에 매일 농구를 했었지.

Step 3 실생활에 적용하기

A 하루도 빠짐없이 참석해 주시니 기쁘네요.

B I'm here all the time because I enjoy being here.

A We appreciate your support.

A We're glad you come here day in and day out.

B 제가 여기에 늘 오는 이유는 여기 있는 게 좋아서 그런 거예요.

A 우리를 지지해 주셔서 감사드립니다.

정답 Step 1 4 this day in and day out 5 same news day in and day out Step 2 4 in mind every single day 5 basketball every single day

확인학습

문제를 풀며 오늘 배운 표현을 완벽히 내 것으로 만드세요.

A | 영화 속 대화를 완성해 보세요.

JOE All the times I've been so ❶ ______________ getting to my dreams... something always ❷ ______________. You know what I mean? 내 꿈을 거의 이루게 된 순간이 올 때마다 늘… 뭔가가 항상 가로막더라고. 무슨 말인지 알지?

22 He's good. I've ❸ ______________. But I've ❹ ______________ this inside. 잘하네. 나도 전에 음악을 들어봤지. 하지만 마음에서 이런 기분이 느껴진 적은 없었어.

JOE Of course ❺ ______________. Because you're ME. Let's go. Let's go! 당연히 지금은 네가 음악을 사랑하겠지. 왜냐하면 네가 나니까. 빨리 가자. 가자고!

JOE Let's go! 어서 가자!

22 Whoah! Ahh! 워아! 아아!

22 Woahahaho! Ha ha! 워아하하호! 하하!

COMMUTER Hey! ❻ ______________, eh? 이봐요! 좀 진정하시죠, 네?

22 I'm sorry! 죄송해요!

JOE Don't worry about it. It's the subway. It ❼ ______________ some people. 걱정 마. 지하철이라서 그래. 지하철이 사람들을 저렇게 만들어.

22 Does what? 저렇게 만들다니?

JOE It ❽ ______________. It stinks. It's hot. It's crowded. Every day the same thing, ❾ ______________. But once I get on that stage tonight, all my troubles are ❿ ______________. You're gonna see a brand new Joe Gardner. 사람들을 지치게 만들지. 고약한 냄새도 나고. 덥고. 사람도 많고. 매일 똑같은 일상. 하루도 빠짐없이. 하지만 오늘 밤에 그 무대에 서기만 하면, 내 모든 문제가 해결될 거야. 완전 새로운 조 가드너를 보게 될 거라고.

정답 A

❶ close to
❷ gets in the way
❸ heard music before
❹ never felt like
❺ you love music now
❻ Take it easy
❼ does that to
❽ wears you down
❾ day in and day out
❿ going to be fixed

B | 다음 빈칸을 채워 문장을 완성해 보세요.

1 우리 아버지는 하루도 빠짐없이 일해.
My dad works ______________.

2 이거 매일 보는 것도 질린다.
I'm tired of watching ______________.

3 하루도 빠짐없이 매일 똑같은 뉴스 듣는 것에 사람들이 넌더리를 낸다.
Everyone's disgusted to be hearing the ______________.

4 이것을 매일 기억해라.
Keep this ______________.

5 우린 예전에 매일 농구를 했었지.
We used to play ______________.

정답 B

1 day in and day out
2 this day in and day out
3 same news day in and day out
4 in mind every single day
5 basketball every single day

Day 24

What Joe Thinks About All the Time

조가 항상 생각하는 것

이미 조의 공연 소식을 들은 엄마는 단단히 뿔이 난[very upset] 모양입니다. 정규직 교사 제안을 받았음에도 공연 알바를 하겠다는 아들이 그저 안타까워[pity] 보일 뿐이죠. 매번 이 문제로 엄마와 갈등을 빚던 조는 이번에는 그녀에게 자기 속마음을 허심탄회 털어놓습니다[say what's on his mind]. 온종일 생각하는 게[all I think about] 음악뿐이고 만약 오늘 죽게 되면[if I died today] 그의 인생이 아무 의미도 없을 것 같아서[life would've amounted to nothing] 두렵다고요. 아들의 진정 어린 눈빛 앞에 결국 엄마의 마음이 누그러졌는지[break down] 그럼 이번에는 제대로 해 보자며 상자 하나를 꺼냅니다. 그 안에는 팽팽하게 주름 하나 없는 멋진 양복, 바로 조의 아빠의 양복이 들어 있었죠. 그 양복을 입은 조는 그 누구보다 멋져 보입니다[look marvelous]. 그리고 엄마는 그 멋진 아들을 꼭 안아주네요.

Warm Up! 오늘 배울 표현

오늘 등장하는 표현들입니다. 어떤 표현이 들어가야 할지 생각해 보세요.

* Most times this shop was what ____________. 그나마 이 가게가 있어서 평생 입에 풀칠이라도 하고 산 거야.
* Music ____________. 난 온종일 생각하는 게 음악밖에 없다고요.
* And I know Dad ____________. 이에 대해선 아빠도 분명히 같은 생각이었을 거예요.
* I'm just afraid that if I died today, that my life would've ____________ nothing.
  만약 오늘 내가 죽게 되면 내 인생이 아무 의미도 없을 것 같아서 두려워요.

바로 이 장면!

오디오 파일을 듣고 3번 따라 말해보세요. 24-1.mp3

LIBBA
리바

You didn't see how tough being a musician was on your father. I don't want to see you struggle like that!
너는 네 아빠가 뮤지션으로 살면서 얼마나 고생을 했는지 못 봤지. 난 네가 그렇게 힘들게 사는 것을 보고 싶지 않단다!

JOE
조

So, Dad can pursue his dreams, and I can't?
그러니까 아빠는 자신의 꿈을 좇아 살아도 되고, 저는 안 된다는 건가요?

LIBBA
리바

Your father had me. Most times this shop was what **paid the bills**.[1] So, when I'm gone, who's gonna pay yours?
네 아빠에게는 나라도 있었지. 그나마 이 가게가 있어서 평생 입에 풀칠이라도 하고 산 거야. 그러니 내가 죽으면 누가 널 먹여 살리겠니?

JOE
조

Music **is all I think about**.[2] From the moment I wake up in the morning to the moment I fall asleep at night.
난 온종일 생각하는 게 음악밖에 없다고요. 아침에 눈뜨는 순간부터 밤에 잠드는 순간까지.

LIBBA
리바

You can't eat dreams for breakfast, Joey.
꿈이 밥 먹여 주는 건 아니잖니, 조이.

JOE
조

Then, I don't want to eat! This isn't about my career, Mom. It's my reason for living. And I know Dad **felt the same way**.[3]
그러면, 저는 아무것도 먹고 싶지 않아요! 이건 제 진로에 관한 문제가 아니에요, 엄마. 제 존재의 이유에 관한 문제라고요. 이에 대해선 아빠도 분명히 같은 생각이었을 거예요.

JOE
조

And... I'm just afraid that if I died today, that my life would've **amounted to** nothing.[4]
그리고… 만약 오늘 내가 죽게 되면 내 인생이 아무 의미도 없을 것 같아서 두려워요.

장면 파헤치기

구문 설명과 예문으로 이 장면의 핵심 표현을 완벽히 이해하세요.

❶ Most times this shop was what **paid the bills**. 그나마 이 가게가 있어서 평생 입에 풀칠이라도 하고 산 거야.

bill은 '계산서, 공과금 청구서' 등의 뜻으로 쓰이는 명사인데, 그 단어가 들어간 pay the bills는 '밥을 먹고 살게 해 주다, 생계를 유지하게 해 주다'라는 의미랍니다. 공과금, 월세, 여러 종류의 계산서를 내면서 근근이 살아가는 장면을 연상하며 외우면 잘 기억할 수 있을 거예요.

* I can hardly **pay the bills** this month. 이번 달엔 월세하고 공과금도 제대로 못 내게 생겼어.
* I don't want to just **pay the bills** and die. 난 그냥 입에 풀칠만 하고 살다가 죽고 싶지는 않아.

❷ Music **is all I think about**. 난 온종일 생각하는 게 음악밖에 없다고요.

〈주어 + be동사 + all I think about〉은 '~은/이 내가 생각하는 전부이다/나는 ~생각밖에 안 해'라는 의미로 쓸 수 있는 패턴 표현이에요. 문장의 앞뒤 순서를 뒤집어서 All I think about is ~ 형식으로 써도 같은 의미인데, 이 경우에는 중간에 ever를 넣어서 All I ever think about is ~라고 하면 더 자연스럽답니다.

★ 영화 속 패턴 익히기

❸ And I know Dad **felt the same way**. 이에 대해선 아빠도 분명히 같은 생각이었을 거예요.

feel the same way는 직역하면 '같은 방식으로 느끼다'라는 의미인데, '~에 대한 생각이 같다/마음/감정이 같다' 정도로 해석하면 조금 더 자연스럽게 이해할 수 있을 거예요.

* I don't **feel the same way** as you do. 나는 너하고 같은 감정/생각이 아니야.
* We both **felt the same way** about the picture. 그 그림에 대해 우리 둘이 느끼는 감정이 같았어.

❹ I'm just afraid that if I died today, that my life would've **amounted to** nothing.
만약 오늘 내가 죽게 되면 내 인생이 아무 의미도 없을 것 같아서 두려워요.

amount to ~은 '(합계가) ~에 이르다/달하다'라는 의미의 숙어예요. 어떤 상황들이 모여서 결국은 어떤 결과/결론에 이르게 되는 것을 표현할 때 쓰면 유용한 표현이에요.

* My pay **amounts to** about $200 a week. 내 급여는 일주일에 200달러 정도 돼.
* Is this what our friendship **amounted to**? 우리의 우정이 겨우 이 정도밖에 안 됐니?

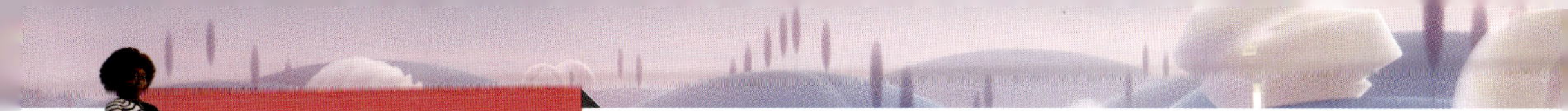

영화 속 패턴 익히기

오늘 배운 장면에서 뽑은 핵심 패턴으로 다양한 표현을 만들어 보세요.

24-2.mp3

주어 + be동사 + all I think about.

~이 내가 생각하는 전부이다, 나는 ~ 생각밖에 안 해.

Step 1 기본 패턴 연습하기

1 You are **all I think about.** 난 네 생각밖에 안 해.

2 Losing weight is **all I think about.** 난 몸무게 빼는 것만 생각하고 산다.

3 Being successful is **all I think about.** 난 성공하는 것에 대한 생각만 하고 살아.

4 The ______________________. 난 미래에 대한 생각만 하고 살아.

5 Keeping a cat ______________________. 난 고양이 키우는 생각만 하고 살아.

Step 2 패턴 응용하기 | All I ever think about is ~

1 **All I ever think about** is food. 난 먹는 거 생각만 하고 산다.

2 **All I ever think about** is how I let you down. 난 항상 내가 너를 실망시킨 일에 대해서만 생각해.

3 **All I ever think about** is what I want to do with my daughter.
난 우리 딸과 같이 무엇을 할지에 대한 생각만 하고 살아.

4 ______________________ with her. 난 그녀와 함께 하는 것에 대해서만 생각하고 살아.

5 ______________________ I can make more money.
돈을 어떻게 하면 더 많이 벌 수 있을지에 대해서만 생각하고 산다.

Step 3 실생활에 적용하기

A Do you ever think about how you want to be remembered?

B 요즘에 내가 매일 생각하는 게 바로 그거야.

A Is that really? So, how do you want to be remembered?

A 넌 사람들의 기억 속에 어떤 사람으로 남고 싶은지 생각해 본 적 있니?

B That's all I think about these days.

A 진짜? 그래서 넌 어떻게 기억에 남고 싶은데?

정답 Step 1 4 future is all I think about 5 is all I think about Step 2 4 All I ever think about is being 5 All I ever think about is how

A | 영화 속 대화를 완성해 보세요.

LIBBA You didn't see ❶ ______________ a musician was on your father. I don't want to see you struggle like that!
너는 네 아빠가 뮤지션으로 살면서 얼마나 고생을 했는지 못 봤지. 난 네가 그렇게 힘들게 사는 것을 보고 싶지 않단다!

JOE So, Dad can ❷ ______________, and I can't?
그러니까 아빠는 자신의 꿈을 좇아 살아도 되고, 저는 안 된다는 건가요?

LIBBA Your father had me. Most times this shop was what ❸ ______________. So, when I'm gone, who's gonna pay yours? 네 아빠에게는 나라도 있었지. 그나마 이 가게가 있어서 평생 입에 풀칠이라도 하고 산 거야. 그러니 내가 죽으면 누가 널 먹여 살리겠니?

JOE Music ❹ ______________. From the moment I ❺ ______________ to the moment I fall asleep at night. 난 온종일 생각하는 게 음악밖에 없다고요. 아침에 눈뜨는 순간부터 밤에 잠드는 순간까지.

LIBBA You can't ❻ ______________, Joey. 꿈이 밥 먹여 주는 건 아니잖니, 조이.

JOE Then, I don't want to eat! This isn't ❼ ______________, Mom. It's my reason for living. And I know Dad ❽ ______________. 그러면, 저는 아무것도 먹고 싶지 않아요! 이건 제 진로에 관한 문제가 아니에요, 엄마. 제 존재의 이유에 관한 문제라고요. 이에 대해선 아빠도 분명히 같은 생각이었을 거예요.

JOE And... I'm just afraid that ❾ ______________, that my life would've ❿ ______________ nothing.
그리고… 만약 오늘 내가 죽게 되면 내 인생이 아무 의미도 없을 것 같아서 두려워요.

정답 A

❶ how tough being
❷ pursue his dreams
❸ paid the bills
❹ is all I think about
❺ wake up in the morning
❻ eat dreams for breakfast
❼ about my career
❽ felt the same way
❾ if I died today
❿ amounted to

B | 다음 빈칸을 채워 문장을 완성해 보세요.

1 난 성공하는 것에 대한 생각만 하고 살아.
Being successful is ______________.

2 난 미래에 대한 생각만 하고 살아.
The ______________.

3 난 고양이 키우는 생각만 하고 살아.
Keeping a cat ______________.

4 난 그녀와 함께 하는 것에 대해서만 생각하고 살아.
______________ with her.

5 돈을 어떻게 하면 더 많이 벌 수 있을지에 대해서만 생각하고 산다.
______________ I can make more money.

정답 B

1 all I think about
2 future is all I think about
3 is all I think about
4 All I ever think about is being
5 All I ever think about is how

Day 25

Regular Ol' Living

평범한 일상

여러 고비가 있었지만 모두 잘 해결되고 조는 드디어 멋쟁이 신사[sharp dresser]로 변신했네요. 하프노트 재즈 클럽 앞에 도착하여 아빠의 양복을 입은 22를 감탄하며 바라보며 이리저리 멋진 포즈를 지어보게[tries a few poses] 합니다. 22는 주변 세상으로[the world around them] 눈길을 돌립니다. 딸과 함께 노는 어떤 아빠의 모습, 바람에 날리는 낙엽[soft breeze lifts fallen leaves]과 따뜻한 햇살, 빙글빙글 돌며 떨어지는 단풍나무 씨앗, 이 모든 것이 새롭고 아름답게 느껴지고 희망에 가득 찬 기분이 듭니다. 문윈드가 몸을 돌려놓기 위해 그곳에 도착하자, 심경의 변화가 생긴 22는 지구에서 불꽃을 찾겠다고 합니다. 이에 당황한 조는 유 세미나에 돌아가서[get back] 좋아하는 것을 찾으라고, 자기 몸을 돌려달라고 요청하죠[need his body back]. 이제 모든 것을 제자리로 돌려놓을 찰나에 22는 자기 목적을 찾겠다고 달아나 버립니다.

Warm Up! 오늘 배울 표현

오늘 등장하는 표현들입니다. 어떤 표현이 들어가야 할지 생각해 보세요.

* ______ you're ready to get off this stinky rock, huh?
  분명히 넌 이 악취 나는 돌덩이에서 어서 벗어나고 싶을 거야, 그지?
* ______ Earth anyway? 근데 지구를 겪어 보니 어떤 것 같니?
* That I'm ______ for living. 나는 인생을 살기에는 좀 부족한 존재라고.
* You can ______. 한 번 더 진지하게 시도해 봐.

바로 이 장면!

오디오 파일을 듣고 3번 따라 말해보세요. 25-1.mp3

JOE 조

To go home. **Bet** you're ready to get off this stinky rock, huh?[1] **What'd you think of** Earth anyway?[2]

집에 갈 준비 말이야. 분명히 넌 이 악취 나는 돌덩이에서 어서 벗어나고 싶을 거야, 그지? 근데 지구를 겪어 보니 어떤 것 같니?

22 22

I… always said it was dumb. But… I mean… just look at what I found!

난… 항상 지구는 멍청한 곳이라고 생각했어. 그런데… 내 말은 그러니까… 내가 뭘 찾았는지 봐!

22 22

Your mom sewed your suit from this cute spool. When I was nervous, Dez gave me this. A guy on the subway yelled at me. It was scary… but I kind of liked that too.

네 엄마가 이 귀여운 실타래로 네 양복을 꿰맸어. 내가 긴장했을 때, 데즈가 이걸 내게 줬고. 지하철에서 어떤 남자가 내게 소리 질렀지. 무서웠어… 근데 그것도 좀 재미있더라고.

22 22

The truth is I've always worried that maybe there's something wrong with me, you know? That I'm **not good enough** for living.[3] But then you showed me about purpose, and passion and…

솔직히 난 내가 문제가 있는 게 아닌가 하고 늘 걱정했어. 알지? 나는 인생을 살기에는 좀 부족한 존재라고. 그런데 네가 목표과 열정을 내게 보여 줘서…

22 22

Maybe sky watching can be my Spark. Or walking! I'm really good at walking!

어쩌면 하늘을 보는 것이 내 불꽃일 수도 있어. 아니면 걷는 것이! 내가 정말 잘 걷거든!

JOE 조

Those really aren't purposes, 22. That's just regular ol' living. But when you get back to the You Seminar, you can **give it an honest try**.[4]

그런 것들은 목적이 아니야. 22. 그런 건 그냥 일상적인 삶일 뿐이지. 유 세미나에 다시 돌아가게 되면 한 번 더 진지하게 시도해 봐.

장면 파헤치기

구문 설명과 예문으로 이 장면의 핵심 표현을 완벽히 이해하세요.

❶ **Bet** you're ready to get off this stinky rock, huh?

분명히 넌 이 악취 나는 돌덩이에서 어서 벗어나고 싶을 거야, 그지?

bet은 구어체 단어로 무엇에 대해 거의 확신하면서 '~이 틀림없다/분명하다'라고 말할 때 쓰는 동사예요. 위의 문장에서 쓰인 bet은 I bet에서 I를 생략한 것인데, I bet은 '(내 생각/추측엔) ~이 분명해/확실해'라는 의미이지요. 그리고 stinky rock은 '악취 나는 돌덩이'라고 해석했는데, 의역해서 '냄새 나는 행성(지구)'이라고도 표현할 수 있어요.

* I **bet** you want to know what's in this box. 분명 너는 이 상자 안에 뭐가 들었는지 알고 싶을 거야.
* I **bet** she will call you eventually. 분명히 결국엔 그녀가 너에게 전화할 거야.

❷ **What'd you think of** Earth anyway? 근데 지구를 겪어 보니 어떤 것 같니?

What did you think of ~?는 무엇인가를 경험한 상대에게 그것에 대한 의견을 물을 때 쓰는 표현이에요. 구어체에서는 What did you 부분을 붙여서 What'd you로 표기하는 경우가 많은데, 이것을 발음할 때는 '와쥬'라고 하면 자연스러워요. 무엇에 대한 상대방의 일반적인 견해를 물을 때는 현재형을 써서 What do you think of ~? 패턴을 쓸 수 있답니다.

★영화 속 패턴 익히기

❸ That I'm **not good enough** for living. 나는 인생을 살기에는 좀 부족한 존재라고.

good enough는 '~이기에/하기에 충분한/부족함이 없는'이라는 뜻으로 그 앞에 부정어 not을 붙여서 쓰면 '~이기에/하기에 충분하지 않은/부족한'이라는 뜻이 되지요.

* You are **not good enough** for this team. 너는 이 팀에 들어오기엔 실력이 부족해.
* Am I **not good enough** for you? 너에게 내가 부족하니?

❹ You can **give it an honest try**. 한 번 더 진지하게 시도해 봐.

give a try는 '한번 시도/도전해 보다'라는 의미인데, 그 중간에 honest이 들어갈 경우에는 '정직하게/솔직하게 시도/도전해 보다'라고 해석하기보다는 '진지하게/진심을 담아서 시도/도전해 보다'라고 해석하면 훨씬 더 자연스러울 거예요.

* I will **give it an honest try** and see what happens. 일단 최대한 노력을 하고 어떻게 되는지 한번 볼게.
* All I ask is that you **give it an honest try**. 내가 바라는 것의 전부는 네가 진지하게 노력하는 거야.

영화 속 패턴 익히기

오늘 배운 장면에서 뽑은 핵심 패턴으로 다양한 표현을 만들어 보세요.

25-2.mp3

What did you think of ~? ~이 어땠니? / ~에 대한 감상이 어땠니?

Step 1 기본 패턴 연습하기

1 **What did you think of** the new class? 새로운 수업 어땠어?

2 **What did you think of** the movie? 영화 어땠어?

3 **What did you think of** her speech? 그녀의 연설이 어땠어?

4 ________________ article? 이 기사에 대해서 어떻게 생각했니?

5 ________________ the song? 그 노래 어땠어?

Step 2 패턴 응용하기 What do you think of ~?

1 **What do you think of** our new collection? 새롭게 선보이는 컬렉션이 마음에 드시나요?

2 **What do you think of** my website? 내 홈페이지 어때?

3 **What do you think of** our new app? 새로 나온 우리 앱이 어떤 것 같아요?

4 ________________ straws? 종이 빨대에 대해서 어떻게 생각해?

5 ________________ the city installing rooftop gardens?
그 도시가 옥상 정원을 설치하는 것에 대해서 어떻게 생각해?

Step 3 실생활에 적용하기

A 그 남자 어땠니?
B He's nice but I'm not attracted to him.
A Maybe your standards are too high.

A What did you think of the guy?
B 괜찮기는 한데 왠지 끌리지를 않네.
A 어쩌면 네 눈이 너무 높아서 그런 걸지도 몰라.

정답 Step 1 4 What did you think of this 5 What did you think of Step 2 4 What do you think of the paper 5 What do you think of

확인학습

문제를 풀며 오늘 배운 표현을 완벽히 내 것으로 만드세요.

A | 영화 속 대화를 완성해 보세요.

JOE To go home. ❶ ________ you're ready to get off ❷ ________, huh? ❸ ________ of Earth anyway?
집에 갈 준비 말이야. 분명히 넌 이 악취 나는 돌덩이에서 어서 벗어나고 싶을 거야, 그지? 근데 지구를 겪어 보니 어떤 것 같니?

22 I... always said ❹ ________. But... I mean... just ❺ ________ I found! 난… 항상 지구는 멍청한 곳이라고 생각했어. 그런데… 내 말은 그러니까… 내가 뭘 찾았는지 봐!

22 Your mom ❻ ________ from this cute spool. When I was nervous, Dez gave me this. A guy on the subway yelled at me. It was scary... but I kind of liked that too. 네 엄마가 이 귀여운 실타래로 네 양복을 꿰맸어. 내가 긴장했을 때, 데즈가 이걸 내게 줬고. 지하철에서 어떤 남자가 내게 소리 질렀지. 무서웠어… 근데 그것도 좀 재미있더라고.

22 The truth is I've always worried that maybe there's ❼ ________ me, you know? That I'm ❽ ________ for living. But then you showed me about purpose, and passion and... 솔직히 난 내가 문제가 있는 게 아닌가 하고 늘 걱정했어. 알지? 나는 인생을 살기에는 좀 부족한 존재라고. 그런데 네가 목표과 열정을 내게 보여 줘서…

22 Maybe sky watching can be my Spark. Or walking! I'm really good at walking! 어쩌면 하늘을 보는 것이 내 불꽃일 수도 있어. 아니면 걷는 것이! 내가 정말 잘 걷거든!

JOE Those ❾ ________, 22. That's just regular ol' living. But when you get back to the You Seminar, you can ❿ ________. 그런 것들은 목적이 아니야, 22. 그런 건 그냥 일상적인 삶일 뿐이지. 유 세미나에 다시 돌아가게 되면 한 번 더 진지하게 시도해 봐.

B | 다음 빈칸을 채워 문장을 완성해 보세요.

1 그녀의 연설이 어땠어?
________ her speech?

2 이 기사에 대해서 어떻게 생각했니?
________ article?

3 그 노래 어땠어?
________ the song?

4 종이 빨대에 대해서 어떻게 생각해?
________ straws?

5 그 도시가 옥상 정원을 설치하는 것에 대해서 어떻게 생각해?
________ the city installing rooftop gardens?

정답 A

❶ Bet
❷ this stinky rock
❸ What'd you think of
❹ it was dumb
❺ look at what
❻ sewed your suit
❼ something wrong with
❽ not good enough
❾ really aren't purposes
❿ give it an honest try

정답 B

1 What did you think of
2 What did you think of this
3 What did you think of
4 What do you think of the paper
5 What do you think of

Day 26

Finding 22's Spark

22의 불꽃 찾기

도망가는 22를 고양이 조가 쫓고 또 그들 뒤를 쫓는[chase after] 자가 있었으니, 영혼 관리자 테리. 결국 그들이 티격태격하는[squabble] 사이 테리의 함정에 빠지고 맙니다. 각자의 몸을 되찾고 다시 유세미나로 돌아왔지만, 조는 연주할 기회를 놓치고, 22는 불꽃을 찾을[to find my Spark] 기회를 놓쳤다며 서로 원망을 쏟아냅니다. 그때 놀라운 일이 벌어집니다. 22가 드디어 지구 통행증을 받게 된 것이죠! 22가 이곳에 있은 지 무려 수천 년 만의 경사라[a great day] 카운슬러들도 무척 기뻐합니다. 여전히 화가 난 조는 22가 그의 인생을 살아서[she was living his(Joe's) life], 그 덕분에 통행증을 받을 수 있었다고 주장하네요. 22는 드디어 지구에 가게 됐지만, 순리대로 '머나먼 저세상'으로 가야 하는 조. 카운슬러는 조에게 지구 관문에서 22를 배웅하고 작별 인사를 할 기회를 줍니다[give a chance to say goodbye]. 그들은 화해하고 작별 인사를 나눌 수 있을까요?

Warm Up! 오늘 배울 표현

오늘 등장하는 표현들입니다. 어떤 표현이 들어가야 할지 생각해 보세요.

* I __________ find my Spark! 난 내 불꽃을 찾으려는 찰나였다고!
* My life __________ change! 내 인생이 마침내 변하기 직전이었다고!
* __________ thank me! 나한테 고마워할 필요는 없어!
* __________, 22 has got an Earth Pass? 말도 안 돼, 22가 지구 통행증을 받았다고?

바로 이 장면!

오디오 파일을 듣고 3번 따라 말해보세요. 26-1.mp3

JOE 조
I was gonna play with Dorothea Williams!
난 도로테아 윌리엄스하고 연주할 거였다고!

22 22
And I **was about to** find my Spark![1]
그리고 난 내 불꽃을 찾으려는 찰나였다고!

JOE 조
Find your Spark?!
네 불꽃을 찾아?!

22 22
You promised but you wouldn't even give me five minutes!
전에 약속해 놓고 내게 5분조차 허락을 안 했잖아!

JOE 조
My life **was finally going to** change![2] I lost everything because of you!
내 인생이 마침내 변하기 직전이었다고! 난 너 때문에 모든 걸 잃었어!

TERRY 테리
Joe!
조!

TERRY 테리
You cheated.
넌 속임수를 썼어.

TERRY 테리
Found him!
그를 찾았어!

COUNSELORS 카운슬러들
Joe Gardner? You're back! Terry, you found them! Didn't expect that one.
조 가드너? 돌아왔군요! 테리, 그들을 찾아냈군! 기대도 못 했는데.

TERRY 테리
No need to thank me![3]
나한테 고마워할 필요는 없어!

COUNSELOR JERRY A 카운슬러 제리A
It's nice to have everything back in order. And...
모든 것이 질서를 찾으니 참 좋네. 그리고…

COUNSELOR JERRY A 카운슬러 제리A
22 got her pass?
22가 통행증을 받았다고?

COUNSELORS 카운슬러들
Oh my goodness, this is amazing. **Shut the fridge**, 22 has got an Earth Pass?![4] This is cray cray! This is a great day! After all these years!
오 이런 세상에, 정말 놀라워. 말도 안 돼, 22가 지구 통행증을 받았다고?! 완전 미쳤네! 오늘은 정말 엄청난 날이야! 이렇게 오랜 세월 만에 마침내!

장면 파헤치기

구문 설명과 예문으로 이 장면의 핵심 표현을 완벽히 이해하세요.

❶ I **was about to** find my Spark! 난 내 불꽃을 찾으려는 찰나였다고!

〈be동사 + about to〉는 '막 ~하려는 참이다/찰나이다'라는 뜻으로 쓰는 숙어예요. 주로 상대방이 왜 무엇을 하지 않느냐고 재촉하거나 다그치려고 할 때 '안 그래도 지금 막 ~하려는 참이다'라고 말할 때 쓰는 표현이에요.

* I **was about to** leave. 막 나가려던 참이었어.
* I **was about to** ask you the same thing. 나도 똑같은 거 물어보려던 참이었는데.

❷ My life **was finally going to** change! 내 인생이 마침내 변하기 직전이었다고!

〈be동사 + going to ~〉는 '~할 것이다'라는 의미인데, 여기서 be동사를 과거형으로 바꿔서 was/were going to ~로 만들면 '~하려고 했었다'는 의미가 된답니다. 의외로 과거형으로 쓰는 것을 잘 활용 못하는 학습자들이 많아서 여기에서 연습하고 가면 좋겠어요. finally가 들어가면 '마침내/드디어'를 넣어서 해석해 주세요. ★영화 속 패턴 익히기

❸ **No need to** thank me! 나한테 고마워할 필요는 없어!

No need to ~는 There's no need to ~에서 There's 부분을 생략한 것으로 '~할 필요가 없다'는 뜻으로 쓰이는 표현이에요. 같은 상황에서 No need to 부분을 You don't need to로 대체해서 쓸 수도 있어요.

* **No need to** worry. 걱정할 필요 없어.
* **No need to** pay me back. 나에게 돈 갚을 필요 없어.

❹ **Shut the fridge**, 22 has got an Earth Pass? 말도 안 돼, 22가 지구 통행증을 받았다고?

Shut the fridge는 직역하면 '냉장고를 닫아라'인데, 이 표현은 성인들이 다소 격하게 쓰는 Shut (the f***) up! '입 닥쳐!'의 순화된 표현으로 보면 되겠어요. 문맥에 맞게 '말도 안 돼! 그런 미친! 그만해라!'라고 해석할 수 있어요.

* **Shut the fridge.** That's disgusting. 그만해라, 역겹다고.
* **Shut the fridge.** You really finished all that? 말도 안 돼, 너 정말 그걸 다 끝냈어?

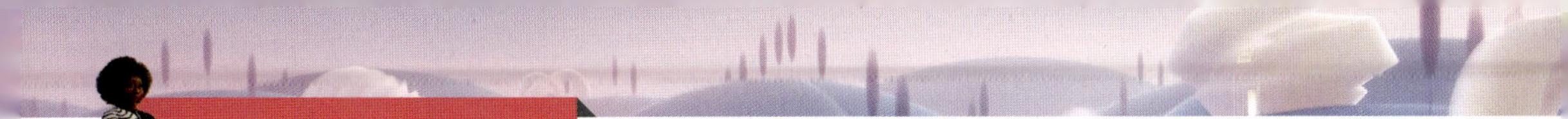

영화 속 패턴 익히기

오늘 배운 장면에서 뽑은 핵심 패턴으로 다양한 표현을 만들어 보세요.

26-2.mp3

I was finally going to ~ 마침내 나는 ~하려고 했었다.

Step 1 기본 패턴 연습하기

1 **I was finally going to** see the place. 마침내 나는 그곳을 보려고 했었어.

2 **I was finally going to** go home. 마침내 나는 집에 가려고 했었어.

3 **I was finally going to** get serious about my life. 마침내 나는 내 삶에 대해서 더 진지해지려고 했었다.

4 ______________________ a professional singer. 마침내 나는 진짜 가수가 되려고 했었다.

5 ______________________ and make some new friends.
마침내 나는 밖으로 나가서 새로운 친구들을 사귀려고 했었다.

Step 2 패턴 응용하기 | I was going to ~

1 **I was going to** call you. 너에게 전화하려고 했었어.

2 **I was going to** say the same thing. 나도 같은 말을 하려고 했었어.

3 **I was going to** clean my room. 난 내 방 청소를 하려고 했었어.

4 ______________________ but something came up. 하려고 했었는데 무슨 일이 생겼어.

5 ______________________ the gym after work. 퇴근하고 운동하러 가려고 했었어.

Step 3 실생활에 적용하기

A 난 마침내 이 치열한 생존 경쟁에서 벗어나려고 했었지.	A I was finally going to be free of the rat race.
B But you couldn't. Why?	B 하지만 넌 그렇게 못했어. 왜 그랬을까?
A I got greedy.	A 욕심이 생긴 거야.

정답 Step 1 4 I was finally going to become 5 I was finally going to get out Step 2 4 I was going to do it 5 I was going to go to

확인학습

문제를 풀며 오늘 배운 표현을 완벽히 내 것으로 만드세요.

A | 영화 속 대화를 완성해 보세요.

JOE I ❶ ______________ Dorothea Williams!
난 도로테아 윌리엄스하고 연주할 거였다고!

22 And I ❷ ______________ find my Spark!
그리고 난 내 불꽃을 찾으려는 찰나였다고!

JOE Find your Spark?! 네 불꽃을 찾아?!

22 ❸ ______________ even give me five minutes! 전에 약속해 놓고 내게 5분조차 허락을 안 했잖아!

JOE My life ❹ ______________ change! I lost ❺ ______________ of you! 내 인생이 마침내 변하기 직전이었다고! 난 너 때문에 모든 걸 잃었어!

TERRY Joe! 조!

TERRY You ❻ ______________. 넌 속임수를 썼어.

TERRY Found him! 그를 찾았어!

COUNSELORS Joe Gardner? You're back! Terry, you found them! Didn't ❼ ______________.
조 가드너? 돌아왔군요! 테리, 그들을 찾아냈군! 기대도 못 했는데.

TERRY ❽ ______________ thank me! 나한테 고마워할 필요는 없어!

COUNSELOR JERRY A It's nice to have everything ❾ ______________. And... 모든 것이 질서를 찾으니 참 좋네. 그리고…

COUNSELOR JERRY A 22 got her pass? 22가 통행증을 받았다고?

COUNSELORS Oh my goodness, this is amazing. ❿ ______________, 22 has got an Earth Pass?! 4 This is cray cray! This is a great day! After all these years! 오 이런 세상에, 정말 놀라워. 말도 안 돼, 22가 지구 통행증을 받았다고?! 완전 미쳤네! 오늘은 정말 엄청난 날이야! 이렇게 오랜 세월 만에 마침내!

B | 다음 빈칸을 채워 문장을 완성해 보세요.

1 마침내 나는 집에 가려고 했었어.
______________ go home.

2 마침내 나는 진짜 가수가 되려고 했었다.
______________ a professional singer.

3 마침내 나는 밖으로 나가서 새로운 친구들을 사귀려고 했었다.
______________ and make some new friends.

4 하려고 했었는데 무슨 일이 생겼어.
______________ but something came up.

5 퇴근하고 운동하러 가려고 했었어.
______________ the gym after work.

정답 A

❶ was gonna play with
❷ was about to
❸ You promised but you wouldn't
❹ was finally going to
❺ everything because
❻ cheated
❼ expect that one
❽ No need to
❾ back in order
❿ Shut the fridge

정답 B

1 I was finally going to
2 I was finally going to become
3 I was finally going to get out
4 I was going to do it
5 I was going to go to

Day 27

Soul's Purpose

영혼의 목적

22의 지구 행 배웅 길에서도 둘은 거리를 좁히지 못하고 서로에게 상처만 주고[cut to the quick] 맙니다. 관문 가장자리에서[the edge of the Portal] 22는 지구로 내려가지 않고 지구 통행증을 조에게 냅다 던져버리고 사라지죠. 그때 카운슬러가 나타나 조에게 어떻게 22의 통행증을 변하게 했는지 묻네요. 조는 자기 경험을 겪게 했다고[let her walk a mile in my shoes] 얼버무립니다. 이번엔 조가 카운슬러에게 22의 목적이 무엇인지, 음악, 생물학[biology] 같은 거였는지 묻습니다. 카운슬러는 의외의 대답을 합니다. 목적은 정해 주지 않는다고, 불꽃이 영혼의 목적은 아니라고[a Spark isn't a soul's purpose] 말이죠. 음악이 불꽃이었던 조는 결국 지구로 다시 뛰어내립니다. 그리고 하프노트에서 인생 최고의 공연을 펼칩니다.

Warm Up! 오늘 배울 표현

오늘 등장하는 표현들입니다. 어떤 표현이 들어가야 할지 생각해 보세요.

* How ________ did you do it? 대체 어떻게 한 거예요?
* I just... let her ________________, you could say.
  그냥... 내 신발을 신고 좀 걷게 했다고나 할까요.
* ________________ to the Great Beyond. 이제 머나먼 저세상으로 가야겠네요.
* ________________? 그런 생각은 왜 하게 된 건가요?

바로 이 장면!

오디오 파일을 듣고 3번 따라 말해보세요.

27-1.mp3

COUNSELOR JERRY B 카운슬러 제리B
How **the Dickens** did you do it?[1] Get that Earth Pass to change?
대체 어떻게 한 거예요? 그 통행증을 변하게 한 거?

JOE 조
Oh… uh. I just… let her **walk a mile in my shoes**, you could say.[2]
오… 어. 그냥… 내 신발을 신고 좀 걷게 했다고나 할까요.

COUNSELOR JERRY B 카운슬러 제리B
Well, it worked.
그게 효과가 있었네요.

JOE 조
Heh… yeah.
허… 네.

COUNSELOR JERRY B 카운슬러 제리B
You should probably get going to the Great Beyond.[3]
이제 머나먼 저세상으로 가야겠네요.

JOE 조
Hey, we never found out what 22's purpose was.
이봐요, 우린 22의 목적이 무엇인지 여전히 모르잖아요.

COUNSELOR JERRY B 카운슬러 제리B
Excuse me?
뭐라고요?

JOE 조
You know, her Spark. Her purpose. Was it music? Biology? Walking?
저기, 그녀의 불꽃 말이에요. 그녀의 목적. 음악이었나요? 생물학? 걷는 거?

COUNSELOR JERRY B 카운슬러 제리B
We don't assign purposes. **Where did you get that idea?**[4]
우리는 목적들을 정해 주지 않아요. 그런 생각은 왜 하게 된 건가요?

JOE 조
Because I have piano. It's what I was born to do. That's my Spark.
왜냐하면 내건 피아노이니까요. 난 그것을 위해 태어났어요. 그게 내 불꽃이라고요.

COUNSELOR JERRY B 카운슬러 제리B
A Spark isn't a soul's purpose.
불꽃이 영혼의 목적인 것은 아니에요.

COUNSELOR JERRY B 카운슬러 제리B
Oh, you mentors and your passions! Your purposes! Your meanings of life! So basic.
오, 멘토 당신들은 늘 그런 것들에 열광하는 군요. 열정! 목적! 삶의 의미! 별로 대단한 것들도 아닌데 말이에요.

JOE 조
No… No!
아니… 아니야!

JOE 조
It is music. My Spark is music. I know it is!
음악이야. 내 불꽃은 음악이야. 확실해!

장면 파헤치기

구문 설명과 예문으로 이 장면의 핵심 표현을 완벽히 이해하세요.

❶ How **the Dickens** did you do it? 대체 어떻게 한 거예요?

the dickens는 '(도)대체, 이런, 빌어먹을'이라는 뜻으로, 놀라거나 화가 난 것을 표출할 때 쓰는 표현으로 주로 의문문에서 쓰인답니다. the devil(devilkins; 작은 악마), the heck(젠장) 등의 완곡한 표현으로 the Dickens가 쓰였는데, 참고로 영국의 유명한 작가인 Charles Dickens와는 전혀 관련이 없답니다.

* What **the dickens** did you say? 너 지금 대체 뭐라고 했니?
* Where **the dickens** are my chickens? 내 치킨들 대체 어디에 있는 거야?

❷ I just... let her **walk a mile in my shoes**, you could say.

그냥... 내 신발을 신고 좀 걷게 했다고나 할까요.

walk a mile in someone's shoes는 '~의 입장이 되어보다/입장에서 생각해 보다'라는 의미의 관용표현이에요. 영화 장면에서처럼 22가 조의 몸에 들어가(조의 신발을 신고) 인간 체험(걷게)하게 했다는 의미죠. put oneself in one's shoes라는 표현도 같은 상황에서 자주 쓰인답니다.

* Never judge a man until you **walk a mile in his shoes**.
  당사자의 입장이 되어 보지도 않고 함부로 사람을 판단하지 말아라.
* **Walk a mile in your shoes** and tell me how you feel. 내 입장을 경험해보고 나서 어떤 기분인지 말해 줘.

❸ **You should probably get going** to the Great Beyond. 이제 머나먼 저세상으로 가야겠네요.

You should probably ~는 '넌 어쩌면/아마도/아무래도 ~하는 게 좋을 것 같다'는 의미로 상대방에게 권유/조언 등을 할 때 쓸 수 있는 패턴 표현이에요. 이 표현을 부정문으로 만들면 You shouldn't probably ~로 할 것 같지만, 그보다는 shouldn't와 probably의 위치를 바꿔 You probably shouldn't ~으로 쓰는 게 더 자연스럽게 들린답니다.

★ 영화 속 패턴 익히기

❹ **Where did you get that idea?** 그런 생각은 왜 하게 된 건가요?

상대방이 무엇인가를 주장하거나 어떤 정보를 전했는데, 그 주장/정보가 내 생각에 좀 어이가 없거나 얼토당토않은 것 같을 경우, '너 어디서 무슨 얘기를 듣고 그런 생각을 하는 거야?' '뭐야 대체 그런 생각은 왜 하게 된 거야?'와 같은 뜻으로 쓰는 표현이에요.

* **Where did you get that idea?** That's definitely not true.
  그건 대체 어디서 나온 생각이야? 그건 절대 사실이 아니라고.
* **Where did you get that idea?** We are just friends. 왜 그런 생각을 하게 됐니? 우린 그냥 친구야.

영화 속 패턴 익히기

오늘 배운 장면에서 뽑은 핵심 패턴으로 다양한 표현을 만들어 보세요.

27-2.mp3

You should probably ~ 넌 어쩌면/아무래도 ~하는 게 좋을 것 같다.

Step 1 기본 패턴 연습하기

1 **You should probably** go see a doctor. 너 아무래도 병원에 가서 의사를 만나 봐야겠다.

2 **You should probably** leave. 너 아마도 가봐야 할 것 같아.

3 **You should probably** give up on your dreams. 어쩌면 네 꿈을 포기하는 게 좋겠어.

4 ______________________ bed. 너 아무래도 자러 가는 게 좋을 것 같구나.

5 ______________________ in sick. 너 아무래도 병가를 내는 것이 좋을 것 같아.

Step 2 패턴 응용하기 | You probably shouldn't ~

1 **You probably shouldn't** hire him. 너 아무래도 그를 고용하지 않는 것이 좋을 것 같아.

2 **You probably shouldn't** say that to her. 너 아무래도 그녀에게 그런 말은 안하는 게 좋을 것 같은데.

3 **You probably shouldn't** bring it up before they do.
아마도 그들이 그 말을 꺼내기 전에 네가 꺼내지는 말아야 할 거야.

4 ______________________ too much information.
너 아무래도 그들에게 정보를 너무 많이 주면 안 좋을 것 같아.

5 ______________________ anymore. 너 아무래도 그만 웃는 게 좋을 것 같아.

Step 3 실생활에 적용하기

A I haven't been on a date in 10 years.
B 너 아무래도 상담 좀 받아 봐야겠다.
A Oh, come on. It's not that big of a deal.

A 지난 10년간 한 번도 데이트를 못해 봤어.
B You should probably talk to someone about that.
A 야, 왜 이래. 그렇게 심각한 문제는 아니잖아.

정답 Step 1 4 You should probably go to 5 You should probably call Step 2 4 You probably shouldn't give them 5 You probably shouldn't laugh

확인학습

문제를 풀며 오늘 배운 표현을 완벽히 내 것으로 만드세요.

A | 영화 속 대화를 완성해 보세요.

COUNSELOR JERRY B How ❶ __________ did you do it? Get that ❷ __________? 대체 어떻게 한 거예요? 그 통행증을 변하게 한 거?

JOE Oh… uh. I just… let her ❸ __________, you could say. 오… 어. 그냥… 내 신발을 신고 좀 걷게 했다고나 할까요.

COUNSELOR JERRY B Well, ❹ __________. 그게 효과가 있었네요.

JOE Heh… yeah. 허… 네.

COUNSELOR JERRY B ❺ __________ to the Great Beyond. 이제 머나먼 저세상으로 가야겠네요.

JOE Hey, we ❻ __________ what 22's purpose was. 이봐요, 우린 22의 목적이 무엇인지 여전히 모르잖아요.

COUNSELOR JERRY B Excuse me? 뭐라고요?

JOE You know, her Spark. Her purpose. Was it music? Biology? Walking? 저기, 그녀의 불꽃 말이에요. 그녀의 목적. 음악이었나요? 생물학? 걷는 거?

COUNSELOR JERRY B We don't assign purposes. ❼ __________ __________ 우리는 목적들을 정해 주지 않아요. 그런 생각은 왜 하게 된 건가요?

JOE Because I have piano. It's ❽ __________. That's my Spark. 왜냐하면 내건 피아노이니까요. 난 그것을 위해 태어났어요. 그게 내 불꽃이라고요.

COUNSELOR JERRY B A Spark isn't a ❾ __________. 불꽃이 영혼의 목적인 것은 아니에요.

COUNSELOR JERRY B Oh, you mentors and your passions! Your purposes! Your ❿ __________! So basic. 오, 멘토 당신들은 늘 그런 것들에 열광하는 군요. 열정! 목적! 삶의 의미! 별로 대단한 것들도 아닌데 말이에요.

JOE No… No! 아니… 아니야!

JOE It is music. My Spark is music. I know it is! 음악이야. 내 불꽃은 음악이야. 확실해!

B | 다음 빈칸을 채워 문장을 완성해 보세요.

1 어쩌면 네 꿈을 포기하는 게 좋겠어.
__________ give up on your dreams.

2 너 아무래도 자러 가는 게 좋을 것 같구나.
__________ bed.

3 너 아무래도 병가를 내는 것이 좋을 것 같아.
__________ in sick.

4 너 아무래도 그들에게 정보를 너무 많이 주면 안 좋을 것 같아.
__________ too much information.

5 너 아무래도 그만 웃는 게 좋을 것 같아.
__________ anymore.

정답 A

❶ the Dickens
❷ Earth Pass to change
❸ walk a mile in my shoes
❹ it worked
❺ You should probably get going
❻ never found out
❼ Where did you get that idea
❽ what I was born to do
❾ soul's purpose
❿ meanings of life

정답 B

1 You should probably
2 You should probably go to
3 You should probably call
4 You probably shouldn't give them
5 You probably shouldn't laugh

A Story About a Fish

물고기 이야기

꿈에 그리던 도로테아 밴드와 공연을 무아지경에 빠져[go into a trance] 자신의 실력을 유감없이[to the fullest] 발휘한 조. 관객들의 박수갈채와 밴드 멤버들의 찬사가 이어지네요. 그런데, 도로테아에게 인정을 받은 조는 자기 꿈을 실현시켜준 이런 공연을 하고 나면 세상이 완전히 변할 것만 같았는데, 막상 공연이 끝나니 아무것도 달라진 게 없어서 혼란스럽네요[confused]. 그의 기분을 잘 이해한 도로테아는 어떤 물고기 이야기를 꺼냅니다. 계속 바다를 찾는 어린 물고기에게 어른 물고기가 '네가 있는 곳이 바다란다[That's what you're in right now]'라고 말했다는 얘기죠. 당신이 있는 그 공간과 시간이 소중하고 위대하다는 교훈이네요.

Warm Up! 오늘 배울 표현

오늘 등장하는 표현들입니다. 어떤 표현이 들어가야 할지 생각해 보세요.

* You play a hundred shows, and one of them is ______.
  100번 정도 공연을 하면, 딱 한 번 인생작이 나오는 거예요.
* I thought I'd ______. 저는 제 인생이… 달라진 느낌일 줄 알았어요.
* I'm trying to find ______. 다른 물고기들이 말하는 그 바다라는 것을 찾으려고 해요.
* ______ the ocean. 내가 원하는 것은 바다라고요.

바로 이 장면!

오디오 파일을 듣고 3번 따라 말해보세요. 28-1.mp3

DOROTHEA 도로테아

You play a hundred shows, and one of them is **killer**.[1] You don't get many like tonight.

100번 정도 공연을 하면, 딱 한 번 인생작이 나오는 거예요. 오늘 밤 같은 공연은 자주 있는 게 아니에요.

JOE 조

Yeah! So, what happens next?

네! 그럼, 이제 어떻게 되는 건가요?

DOROTHEA 도로테아

We come back tomorrow night and do it all again.

내일 밤에 다시 와서 또 모든 것을 반복하는 거죠.

DOROTHEA 도로테아

What's wrong, Teach?

뭔가 잘못되었나요, 선생?

JOE 조

It's just... I've been waiting on this day for my entire life. I thought I'd **feel... different**.[2]

그냥… 내 일평생 이날을 기다려 왔거든요. 저는 제 인생이… 달라진 느낌일 줄 알았어요.

DOROTHEA 도로테아

I heard this story about a fish. He swims up to this older fish and says "I'm trying to find **this thing they call the ocean**."[3] "The ocean?" says the older fish, "That's what you're in right now." "This?" says the young fish, "This is water. **What I want is** the ocean."[4]

어떤 물고기에 대한 이야기를 들은 적이 있어요. 그 물고기가 늙은 물고기에게 다가가 말하기를 "다른 물고기들이 말하는 그 바다라는 것을 찾으려고 해요." "바다?" 늙은 물고기가 말했죠. "네가 지금 있는 곳이 바다란다." "여기가요?" 젊은 물고기가 말하죠. "이건 물이잖아요. 내가 원하는 것은 바다라고요."

DOROTHEA 도로테아

See you tomorrow.

내일 봐요.

장면 파헤치기

구문 설명과 예문으로 이 장면의 핵심 표현을 완벽히 이해하세요.

❶ You play a hundred shows, and one of them is killer.

100번 정도 공연을 하면, 딱 한 번 인생작이 나오는 거예요.

여기에서 쓰인 killer는 '킬러/살해범'과 같은 의미가 아니라, 구어체로 '(매우 힘들거나 신나거나 뛰어나서) 죽여주는 것'을 뜻해요. 우리말로 '완전 죽이네/끝내 주네'와 같은 어감이죠.

* This show is **killer**. 이 쇼 정말 죽여주네.
* This entire performance is **killer**. 이 공연은 처음부터 끝까지 완전 대박이야.

❷ I thought I'd feel... different. 저는 제 인생이… 달라진 느낌일 줄 알았어요.

feel different는 '평상시와 다른 느낌을 느끼다'라는 뜻이에요. 기존에 느끼던 것과는 다른 뭔가 특별한 느낌을 받을 때 쓰는 표현이랍니다.

* I don't know why but I **feel different** today. 왜 그런지는 모르겠지만 오늘은 느낌이 다르네.
* Do you **feel different** now that you are a dad? 이제 아빠가 되니 느낌이 좀 다른가요?

❸ I'm trying to find this thing they call the ocean. 다른 물고기들이 말하는 그 바다라는 것을 찾으려고 해요.

〈this thing they call + 명사〉는 직역하면 '그들이 ~이라고 부르는 이/그거'인데, 조금 더 풀어서 해석하면 '사람들이 (흔히/소위) 말하는/얘기하는 이/그 ~' 정도의 뉘앙스예요.

* I'm trapped by **this thing they call love**. 사람들이 얘기하는 그 사랑이라는 덫에 걸려버렸어요.
* **This thing they call the 'American Dream'**, does it still exist?
  사람들이 흔히 말하는 '아메리칸 드림'이라는 거, 그런 게 아직도 존재하나요?

❹ What I want is the ocean. 내가 원하는 것은 바다라고요.

내가 무엇을 원하는지 강조하며 말할 때는 What I want is ~ 패턴을 써요. 단순히 I want ~라고 하면 내가 원하는 것이 무엇인지를 특별히 강조하는 느낌은 없기 때문에 '원하는 것'을 강조할 때는 what I want라고 하면 좋지요. 같은 방식으로 '내게 필요한 것'을 강조하고 싶을 때는 What I need is ~ 패턴을 활용해 보세요. ★영화 속 패턴 익히기

영화 속 패턴 익히기

오늘 배운 장면에서 뽑은 핵심 패턴으로 다양한 표현을 만들어 보세요.

28-2.mp3

What I want is ~ 내가 원하는 것은 ~이다.

Step 1 기본 패턴 연습하기

1 **What I want is** a simple document. 내가 원하는 것은 단순한 문서 하나라고.

2 **What I want is** not in their catalogue. 제가 원하는 것은 그 가게 카탈로그에 안 나오네요.

3 **What I want is** peace of mind. 내가 원하는 것은 마음의 평화야.

4 ______________ from what I need. 내가 원하는 것은 내가 필요로 하는 것과는 다르다.

5 ______________ power. 내가 원하는 것은 더 많은 권력이라고.

Step 2 패턴 응용하기 | What I need is ~

1 **What I need is** you. 내게 필요한 것은 너야.

2 **What I need is** to get some sleep. 내게 필요한 것은 잠을 좀 자는 거야.

3 **What I need is** somebody who really cares. 내게 필요한 것은 정말로 관심을 가져 줄 사람이야.

4 ______________ to write. 내게 필요한 것은 글을 더 쓸 수 있는 시간이야.

5 ______________ everyone needs. 내게 필요한 것은 모두에게 필요한 것이야.

Step 3 실생활에 적용하기

A What is this?
B This is a thousand-dollar check written out to you.
A 제가 원하는 건 진정한 사과이지, 동정이 아니에요.

A 이게 뭐죠?
B 당신 이름 앞으로 작성된 천 달러짜리 수표예요.
A What I want is a genuine apology, not your sympathy.

정답 Step 1 4 What I want is different 5 What I want is more Step 2 4 What I need is more time 5 What I need is what

확인학습

문제를 풀며 오늘 배운 표현을 완벽히 내 것으로 만드세요.

A | 영화 속 대화를 완성해 보세요.

DOROTHEA You ❶ ______________, and one of them is ❷ __________. You don't ❸ __________ tonight.
100번 정도 공연을 하면, 딱 한 번 인생작이 나오는 거예요. 오늘 밤 같은 공연은 자주 있는 게 아니에요.

JOE Yeah! So, what happens next? 네! 그럼, 이제 어떻게 되는 건가요?

DOROTHEA We ❹ ______________ night and do it all again.
내일 밤에 다시 와서 또 모든 것을 반복하는 거죠.

DOROTHEA ❺ __________, Teach? 뭔가 잘못되었나요, 선생?

JOE It's just... I've been waiting on this day for my entire life. I thought I'd ❻ __________.
그냥… 내 일평생 이날을 기다려 왔거든요. 저는 제 인생이… 달라진 느낌일 줄 알았어요.

DOROTHEA I heard this ❼ ______________. He swims up to this older fish and says "I'm trying to find ❽ ______________." "The ocean?" says the older fish, "❾ __________ you're in right now." "This?" says the young fish, "This is water. ❿ ______________ the ocean." 어떤 물고기에 대한 이야기를 들은 적이 있어요. 그 물고기가 늙은 물고기에게 다가가 말하기를 "다른 물고기들이 말하는 그 바다라는 것을 찾으려고 해요." "바다?" 늙은 물고기가 말했죠, "네가 지금 있는 곳이 바다란다." "여기가요?" 젊은 물고기가 말하죠, "이건 물이잖아요. 내가 원하는 것은 바다라고요."

DOROTHEA See you tomorrow. 내일 봐요.

B | 다음 빈칸을 채워 문장을 완성해 보세요.

1 내가 원하는 것은 마음의 평화야.
______________ peace of mind.

2 내가 원하는 것은 내가 필요로 하는 것과는 다르다.
______________ from what I need.

3 내가 원하는 것은 더 많은 권력이라고.
______________ power.

4 내게 필요한 것은 글을 더 쓸 수 있는 시간이야.
______________ to write.

5 내게 필요한 것은 모두에게 필요한 것이야.
______________ everyone needs.

정답 A

❶ play a hundred shows
❷ killer
❸ get many like
❹ come back tomorrow
❺ What's wrong
❻ feel... different
❼ story about a fish
❽ this thing they call the ocean
❾ That's what
❿ What I want is

정답 B

1 What I want is
2 What I want is different
3 What I want is more
4 What I need is more time
5 What I need is what

Day 29

22 Becomes a Lost Soul

22 길 잃은 영혼이 되다

공연 후 집으로 돌아온 조는 공허한 마음[an empty feeling]으로 22가 주머니에 넣어 두었던 물건들을 바라봅니다. 그리고 피아노를 치기 시작하며 조는 과거 기억들을[memories of his life] 떠올립니다. 그리고 다시 무아지경으로 빠져드는데 눈을 뜨니 아스트랄계에 들어와 문윈드와 재회하네요. 조는 지구 통행증을 22에게 돌려주기 위해 문윈드와 함께 그녀를 찾아 나섭니다. 자신이 쓸모없고, 목적이 없는[no purpose] 존재라고 낙심한[desperate] 22는 계속 그들에게서 도망 다니며[run off] 어둠 속으로 빠져들며 괴물처럼 변해갑니다. 문윈드 말로는 안타깝게도 22가 길 잃은 영혼이 되었다고 합니다. 그녀를 잘 달래서 지구로 보낼 방법은 없을까요?

Warm Up! 오늘 배울 표현

오늘 등장하는 표현들입니다. 어떤 표현이 들어가야 할지 생각해 보세요.

* ______, man! 맙소사, 이 사람아!
* ______ she's become a Lost Soul. 안타깝게도 그녀는 길 잃은 영혼이 되었다네.
* I came back here, and ______ I spotted her. 내가 여기로 돌아왔을 때 그녀를 봤다네.
* And now that 22 has ______ lived, she's become one of them. 이제 22가 엄밀히 따졌을 때 삶을 산 것이기 때문에, 그녀는 그들 중의 하나가 된 거지.

바로 이 장면!

오디오 파일을 듣고 3번 따라 말해보세요. 29-1.mp3

MOONWIND 문윈드

Joe! **Good heavens**, man![1] What are you doing in the zone?
조! 맙소사, 이 사람아! 무아지경에서 뭘 하고 있는 거야?

JOE 조

Moonwind!
문윈드!

JOE 조

I messed up. I need to find 22.
내가 엉망으로 만들었어. 22를 찾아야 해.

MOONWIND 문윈드

I'm afraid she's become a Lost Soul.[2]
안타깝게도 그녀는 길 잃은 영혼이 되었다네.

JOE 조

What? How is that possible?!
뭐라고? 그게 어떻게 가능하지?!

MOONWIND 문윈드

I'll explain on the way.
가면서 설명해 주지.

MOONWIND 문윈드

When neither of you returned to the Half Note, I suspected something had gone wrong.
하프노트에 둘 다 안 돌아왔을 때, 뭔가 잘못됐다고 의심했지.

MOONWIND 문윈드

I came back here, and **that's when** I spotted her.[3]
내가 여기로 돌아왔을 때 그녀를 봤다네.

MOONWIND 문윈드

Lost Souls are obsessed by something that disconnects them from life. And now that 22 has **technically** lived, she's become one of them.[4]
길 잃은 영혼들은 그들을 삶에서 분리하는 뭔가에 강박이 있네. 이제 22가 엄밀히 따졌을 때 삶을 산 것이기 때문에, 그녀는 그들 중의 하나가 된 거지.

장면 파헤치기

구문 설명과 예문으로 이 장면의 핵심 표현을 완벽히 이해하세요.

❶ Good heavens, man! 맙소사, 이 사람아!

Good heavens는 우리가 놀라거나 감탄하거나 짜증날 때 흔히 쓰는 Oh my God/goodness 등과 비슷한 표현이에요. 해석도 상황에 맞게 '오 이런, 맙소사, 내 참' 등으로 자연스럽게 해 주세요.

* **Good heavens**, look at the time! 오 이런, 시계를 좀 봐!
* **Good heavens**, you are back! 맙소사, 너 돌아왔구나!

❷ I'm afraid she's become a Lost Soul. 안타깝게도 그녀는 길 잃은 영혼이 되었다네.

I'm afraid로 문장을 시작하면 자칫 '~가 두려워요'로 착각할 수 있는데, '~가 두렵다'고 할 때는 'I'm afraid of ~'로 시작해야 한답니다. I'm afraid 뒤에 문장이 따라오면 '안타깝게도/죄송하지만 ~할 것 같네요' 정도로 해석하는 것이 좋아요. 유감스러운 내용을 말할 때 예의상 덧붙이는 표현이에요.

* **I'm afraid** I can't help you with that. 안타깝게도 그건 도움을 드릴 수가 없네요.
* **I'm afraid** you are not welcome here. 죄송한 말씀이지만 당신은 이곳에 오시면 안 돼요.

❸ I came back here, and that's when I spotted her. 내가 여기로 돌아왔을 때 그녀를 봤다네.

That's when ~은 '~한 것이 바로 그때다'는 의미로 활용할 수 있는 패턴 표현이에요. when 대신에 what, how, why, where 등을 넣어 활용하는 것도 함께 연습하면 좋겠어요. 여기에서는 That's where ~ '~한 곳은 거기다'로 연습해 볼게요.

★영화 속 패턴 익히기

❹ And now that 22 has technically lived, she's become one of them.

이제 22가 엄밀히 따졌을 때 삶을 산 것이기 때문에, 그녀는 그들 중의 하나가 된 거지.

technically는 '엄밀히 따지면/말하면'이라는 뜻이에요. 언뜻 '기술적으로'라고 해석해야 맞을 것 같지만, 그 뜻으로 쓰이는 경우보다 오히려 평상시에 접하게 되는 문장에서는 '엄밀히 따지면/말하면', '따지고 보면'라는 의미로 쓰이는 경우가 더 많답니다.

* **Technically**, we are all family. 따지고 보면, 우린 모두 가족이야.
* Sharon and I are **technically** same age. 샤론하고 나하고 따지고 보면 동갑이야.

영화 속 패턴 익히기

오늘 배운 장면에서 뽑은 핵심 패턴으로 다양한 표현을 만들어 보세요.

29-2.mp3

That's when ~
~한 것이 바로 그때다.

Step 1 기본 패턴 연습하기

1 **That's when** I realized something was wrong. 뭔가가 잘못되었다고 느낀 것이 바로 그때다.

2 **That's when** she found out what was going on. 무슨 일이 일어나고 있는지 그녀가 알게 된 것이 그때다.

3 **That's when** I moved back to America. 내가 미국으로 다시 돌아간 때가 그때다.

4 ______________ in love with each other. 우리가 서로 사랑에 빠지게 된 것은 바로 그때야.

5 ______________ he messed up. 자신이 망쳤다는 걸 그가 알게 된 것이 그때야.

Step 2 패턴 응용하기 | That's where ~

1 **That's where** we want to go. 우리가 가고 싶은 곳은 거기다.

2 **That's where** the money is. 돈이 있는 곳은 거기야.

3 **That's where** they are. 그들이 있는 곳은 거기야.

4 ______________ began. 골치 아픈 일이 시작된 곳은 거기야.

5 ______________ was born. 그가 태어난 곳은 거기다.

Step 3 실생활에 적용하기

A When did you find out that Santa Claus wasn't real?

B I think I was 7 or 8. 그때 그가 존재하지 않는다는 걸 알게 됐어.

A You know what? I believed in it until I was 15.

A 넌 언제 산타클로스가 진짜가 아니란 걸 알게 됐니?

B 아마 7살인가 8살 때일 거야. That's when I found out he didn't exist.

A 그거 알아? 난 15살 때까지 믿었다.

정답 Step 1 4 That's when we fell 5 That's when he knew Step 2 4 That's where the trouble 5 That's where he

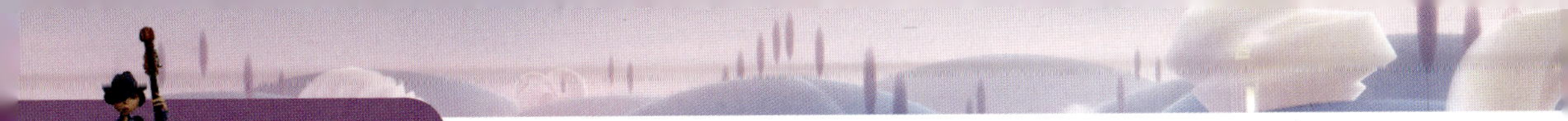

확인학습

문제를 풀며 오늘 배운 표현을 완벽히 내 것으로 만드세요.

A | 영화 속 대화를 완성해 보세요.

MOONWIND Joe! ❶ ____________, man! What are you ❷ ____________? 조! 맙소사, 이 사람아! 무아지경에서 뭘 하고 있는 거야?

JOE Moonwind! 문윈드!

JOE I ❸ ____________. I need to find 22. 내가 엉망으로 만들었어. 22를 찾아야 해.

MOONWIND ❹ ____________ she's become a Lost Soul. 안타깝게도 그녀는 길 잃은 영혼이 되었다네.

JOE What? How ❺ ____________?! 뭐라고? 그게 어떻게 가능하지?!

MOONWIND I'll explain ❻ ____________. 가면서 설명해 주지.

MOONWIND When neither of you returned to the Half Note, I ❼ ____________ had gone wrong. 하프노트에 둘 다 안 나타났을 때, 뭔가 잘못됐다고 의심했지.

MOONWIND I came back here, and ❽ ____________ I spotted her. 내가 여기로 돌아왔을 때 그녀를 봤다네.

MOONWIND Lost Souls are obsessed by ❾ ____________ them from life. And now that 22 has ❿ ____________ lived, she's become one of them. 길 잃은 영혼들은 그들을 삶에서 분리하는 뭔가에 강박이 있네. 이제 22가 엄밀히 따졌을 때 삶을 산 것이기 때문에, 그녀는 그들 중의 하나가 된 거지.

B | 다음 빈칸을 채워 문장을 완성해 보세요.

1 내가 미국으로 다시 돌아간 때가 그때다.
____________ back to America.

2 우리가 서로 사랑에 빠지게 된 것은 바로 그때야.
____________ in love with each other.

3 자신이 망쳤다는 걸 그가 알게 된 것이 그때야.
____________ he messed up.

4 골치 아픈 일이 시작된 곳은 거기야.
____________ began.

5 그가 태어난 곳은 거기다.
____________ was born.

정답 A

❶ Good heavens
❷ doing in the zone
❸ messed up
❹ I'm afraid
❺ is that possible
❻ on the way
❼ suspected something
❽ that's when
❾ something that disconnects
❿ technically

정답 B

1 That's when I moved
2 That's when we fell
3 That's when he knew
4 That's where the trouble
5 That's where he

Day 30

Filling Out the Last Box

마지막 칸 채우기

22의 내면의 암흑 속에서 링컨과 테레사 수녀 등 멘토들의 환영이 나타나 22에 대한 부정적인 말을 내뱉습니다. '정직하지 못해[dishonest], 이기적이야[selfish], 네가 세상에 없는 게 더 유익해!' 그 영혼들을 뚫고[break through] 조가 겨우 22에게 다다랐지만 이번에는 거대한[massive] 조의 형상이 그의 길을 가로막고 비난합니다. '시간 낭비야, 네가 모두 망쳤다고!' 조가 지난날 22에게 모질게[harsh] 뱉은 말들이죠. 모든 악몽을 사라지게 하고 22을 안정시킨 것은 바로 '단풍나무 씨앗', 22가 인간 체험할 때 소소한 일상 속 작은 기쁨이자 발견이었던 그 씨앗이었죠. 이제 조는 22의 손을 잡고 지구를 향해 그녀를 배웅합니다. 22을 떠나보낸 후 '머나먼 저세상'으로 가려던 조는 카운슬러들의 도움으로 다시 한번 인생을 살 수 있는 기회[another chance]를 얻게 되었어요. 일상으로 돌아온 조는 매 순간을 즐기며 살 것[to live every minute]이라고 다짐합니다.

Warm Up! 오늘 배울 표현

오늘 등장하는 표현들입니다. 어떤 표현이 들어가야 할지 생각해 보세요.

* ________ bad decisions! 네가 하는 결정들은 다 나쁜 결정들뿐이야!
* You are unwise, and you won't ________ in the world!
  너는 현명하지 못해, 그리고 넌 세상에서 살아남을 수 없어!
* The world is ________ without you in it! 세상은 네가 없는 게 더 유익하다고!
* ________ anything I try. 나는 뭘 해 보려고 해도 다 소용없어.

바로 이 장면!

오디오 파일을 듣고 3번 따라 말해보세요. 30-1.mp3

SOUL ABRAHAM LINCOLN
에이브러햄 링컨 영혼

You're dishonest! **All you make are** bad decisions![1] You are unwise, and you won't **make it** in the world![2]
너는 정직하지 못해! 네가 하는 결정들은 다 나쁜 결정들뿐이야! 너는 현명하지 못해, 그리고 넌 세상에서 살아남을 수 없어!

SOUL MOTHER THERESA
테레사 수녀 영혼

You're so selfish! No one would ever want to be around you!
넌 너무 이기적이야! 아무도 네 주변에 있고 싶어 하지 않을 거야!

22'S MENTORS
22의 멘토들

The world needs remarkable people, and you're the least remarkable soul I've ever met! The world is **better off** without you in it![3] You're a nitwit! Mentally unfit! An imbecile! I cannot help you!
세상은 주목할 만한 사람들을 필요로 하는데 너는 내가 만난 영혼 중에서 제일 보잘것없는 영혼이야! 세상은 네가 없는 게 더 유익하다고! 넌 멍청이야! 정신적으로 부적격이야! 바보 천치! 나는 널 도와줄 수가 없어!

22
22

There's no point in anything I try.[4] Why couldn't I fill out that last box? I'm not good. Nothing I do is right. I'm a loser. I don't do anything right. I'm not good enough at all.
나는 뭘 해 보려고 해도 다 소용없어. 왜 내가 그 마지막 칸을 채울 수 없었을까? 내가 못나서 그래. 내가 하는 것은 제대로 된 게 하나도 없어. 난 패배자야. 난 아무것도 제대로 못 한다고. 난 전혀 만족스럽지 못한 영혼이야.

장면 파헤치기

구문 설명과 예문으로 이 장면의 핵심 표현을 완벽히 이해하세요.

❶ All you make are bad decisions! 네가 하는 결정들은 다 나쁜 결정들뿐이야!

〈All you make are + 명사〉는 '네가 하는 것은 모두/다 ~뿐이야'라는 의미로, 자주 접하게 되는 패턴은 아니지만 제대로 이해하고 활용하려면 예문을 몇 개 봐 두는 것이 좋아요.

* **All you make are** mistakes. 너는 실수하는 게 일이구나.
* **All you make are** plans. 너는 계획만 세우는구나.

❷ You are unwise, and you won't make it in the world! 너는 현명하지 못해, 그리고 넌 세상에서 살아남을 수 없어!

make it은 '(자기 분야에서) 성공하다, (어떤 곳에 간신히) 시간 맞춰가다'라는 뜻으로 여기에서는 '성공하다'의 의미로 쓰였네요. 뒤에 in the world가 따라와서 make it in the world '세상에서 성공하다/살아남다'는 의미로 자주 쓰인답니다.

* It takes more than a college degree to **make it** in the world.
  세상에서 성공하려면 단순히 학사 학위 하나만 가지고는 안 된다.
* Your ideas will never **make it** in the real world. 네 아이디어들은 진짜 세상에서는 절대 안 통해.

❸ The world is better off without you in it! 세상은 네가 없는 게 더 유익하다고!

better off는 '(마음이나 처지가) 더 좋은/나은/이득인'이라는 뜻의 숙어로, 뒤에 without이 따라오는 경우가 상당히 많은데, 그럴 경우에는 '~없는 것이 더 낫다'라는 뜻이 된답니다.

* You are **better off** without me. 너에게는 내가 없는 게 더 유익해.
* We are **better off** as friends. 우리는 친구로 남는 것이 서로에게 더 유익해.

❹ There's no point in anything I try. 나는 뭘 해 보려고 해도 다 소용없어.

no point '포인트가 없다'는 말은 '의미/소용이 없다'는 뜻이지요. 앞부분에 나왔던 pointless와 같은 의미예요. There's no point in ~로 써서 '~하는 것은 의미가 없다/~해 봐야 소용없다'라는 의미의 패턴 문장으로 활용해 보세요. There's no point of ~로 표현할 수도 있는데 두 패턴이 의미상으로나 문법적으로 거의 차이가 없습니다.

★ 영화 속 패턴 익히기

영화 속 패턴 익히기

오늘 배운 장면에서 뽑은 핵심 패턴으로 다양한 표현을 만들어 보세요.

30-2.mp3

There's no point in ~

~하는 것은 의미가 없다, ~해 봐야 소용없다.

Step 1 기본 패턴 연습하기

1 **There's no point in** trying. 시도해 봐야 소용없어.

2 **There's no point in** asking him. 그에게 물어봐야 소용없어.

3 **There's no point in** living like a coward. 겁쟁이로 사는 것은 의미가 없어.

4 ________________ over spilt milk. 엎질러진 우유를 놓고 울어봐야 소용없어.

5 ________________ about that now. 이제 와서 그런 걸 걱정해 봐야 소용없어.

Step 2 패턴 응용하기 | There's no point of ~

1 **There's no point of** arguing. 논쟁해 봐야 소용없다.

2 **There's no point of** this marriage. 이 결혼은 의미가 없어.

3 **There's no point of** living in the past. 과거에 얽매여 사는 것은 의미가 없다.

4 ________________ something you don't like. 싫어하는 일을 하는 것은 의미가 없어.

5 ________________ anymore. 더 이상 계획을 세워봐야 의미가 없다.

Step 3 실생활에 적용하기

A You look like you have something to tell me.	A 너 나에게 할 말이 있는 것 같아 보이는구나.
B No, I have nothing to tell you.	B 아니, 나 할 말 없는데.
A It's written all over your face. 감추려고 해 봐야 소용없다.	A 너 얼굴에 다 쓰여 있어. There's no point in hiding.

정답 Step 1 4 There's no point in crying 5 There's no point in worrying Step 2 4 There's no point of doing 5 There's no point of planning

확인학습

문제를 풀며 오늘 배운 표현을 완벽히 내 것으로 만드세요.

A | 영화 속 대화를 완성해 보세요.

SOUL ABRAHAM LINCOLN You're dishonest! ❶ ______ bad decisions! You are unwise, and you won't ❷ ______ in the world! 너는 정직하지 못해! 네가 하는 결정들은 다 나쁜 결정들뿐이야! 너는 현명하지 못해. 그리고 넌 세상에서 살아남을 수 없어!

SOUL MOTHER THERESA You're ❸ ______! No one would ever ❹ ______! 넌 너무 이기적이야! 아무도 네 주변에 있고 싶어 하지 않을 거야!

22'S MENTORS The world needs ❺ ______, and you're the least remarkable soul I've ever met! The world is ❻ ______ without you in it! You're a nitwit! Mentally unfit! An ❼ ______! I cannot help you! 세상은 주목할 만한 사람들을 필요로 하는데 너는 내가 만난 영혼 중에서 제일 보잘것없는 영혼이야! 세상은 네가 없는 게 더 유익하다고! 넌 멍청이야! 정신적으로 부적격이야! 바보 천치! 나는 널 도와줄 수가 없어!

22 ❽ ______ anything I try. Why couldn't I fill out that last box? I'm not good. Nothing I do is right. I'm a loser. I don't ❾ ______. I'm not good ❿ ______. 나는 뭘 해 보려고 해도 다 소용없어. 왜 내가 그 마지막 칸을 채울 수 없었을까? 내가 못나서 그래. 내가 하는 것은 제대로 된 게 하나도 없어. 난 패배자야. 난 아무것도 제대로 못한다고. 난 전혀 만족스럽지 못한 영혼이야.

B | 다음 빈칸을 채워 문장을 완성해 보세요.

1 그에게 물어봐야 소용없어.
______ asking him.

2 엎질러진 우유를 놓고 울어봐야 소용없어.
______ over spilt milk.

3 이제 와서 그런 걸 걱정해 봐야 소용없어.
______ about that now.

4 싫어하는 일을 하는 것은 의미가 없어.
______ something you don't like.

5 더 이상 계획을 세워봐야 의미가 없다.
______ anymore.

정답 A

❶ All you make are
❷ make it
❸ so selfish
❹ want to be around you
❺ remarkable people
❻ better off
❼ imbecile
❽ There's no point in
❾ do anything right
❿ enough at all

정답 B

1 There's no point in
2 There's no point in crying
3 There's no point in worrying
4 There's no point of doing
5 There's no point of planning